surfe
POR SUA VIDA
Edição para a garotada

MICK FANNING
e Tim Baker

Tradução Adrian Kojin

São Paulo
2014

EDITORA
Gaia

Voando nas Mentawais numa viagem da Rip Curl, junho de 2010. (Foto: Trent Mitchell/Rip Curl)

Acumulando energia na cavada, de olho no lip.
(Foto: Shorty/Rip Curl)

sumário

Introdução	10
O brasão da família Fanning	12
CAPÍTULO 1: AOS TRANCOS E BARRANCOS	**14**
Dicas do Mick: Principiante	22
Guia para cavadas	24
CAPÍTULO 2: CRESCENDO RÁPIDO	**26**
Conheça a sua prancha	34
CAPÍTULO 3: BEM-VINDO AO MUNDO	**38**
Dicas do Mick: Intermediário	46
Guia para cutbacks de backside	48
CAPÍTULO 4: O CIRCUITO DOS SONHOS	**50**
Um breve guia do Circuito dos Sonhos	58
A arte de viajar	61
CAPÍTULO 5: NÓS PODEMOS RECONSTRUÍ-LO	**62**
Dicas do Mick: Avançado	70
Como entubar	72
CAPÍTULO 6: PRONTO PARA VENCER	**74**
Treinamento	82
CAPÍTULO 7: DEVOLVENDO	**86**
Competição: Entrando em sintonia	94
Guia para manobras na face da onda: o layback snap	96
CAPÍTULO 8: LÁ VAMOS NÓS OUTRA VEZ	**98**
Os surfistas favoritos do Mick	108
Guia para aéreos	112
Stephanie Gilmore: Uma para as meninas	114
Segurança no surfe	120
Glossário	122

Virada no alto da onda em Kirra, fotografada de um helicóptero durante uma boa ondulação em 2009. Uma perspectiva diferente que mostra como uma manobra é vista do céu. (Foto: Joli)

introdução

É engraçado. Quando você é garoto, tudo que almeja é crescer rápido, sair de casa e conquistar o mundo. Mas, depois de crescido, às vezes o que você deseja é ser garoto de novo. Não existe nada melhor que aqueles dias tranquilos de um garoto contente com o surfe, quando tudo o que você quer fazer é comer, dormir e sonhar com as ondas, e seu maior problema é explicar a lição de casa que ainda não fez. Então, curta seus anos de moleque.

Todo surfista sabe como é ser garoto, e é difícil encontrar um pro que não fique feliz em dividir alguns momentos respondendo a perguntas e autografando. Quando Tim e eu fomos convocados pelo nosso editor para produzir uma edição especial do nosso livro *Surfe Por Sua Vida*, para a garotada, aceitamos na hora. Eu sempre curti surfar com a molecada, e adoro pensar que algumas das coisas que aprendi ao longo do caminho podem tornar mais fácil a trajetória de outra pessoa. Sua adolescência é fundamental no desenvolvimento do seu surfe. É normalmente nessa fase que algo especial acontece, algo que pode realmente inspirar e encaminhar você para uma vida sobre as ondas.

Para mim, esse acontecimento foi o patrocínio que recebi da Quiksilver quando eu tinha cerca de 12 anos de idade. Até aquele momento, para ser honesto, eu estava mais interessado no futebol do que no surfe. Mas o fato de alguém reconhecer alguma habilidade em mim e se dispor a me dar alguns adesivos, camisetas e um par de calções fez toda a diferença. Eu segui meu caminho e nunca olhei para trás.

Não posso imaginar nada mais emocionante do que a possibilidade de este livro ser a tal "coisa especial" para alguns moleques, algo que realmente os coloque na trajetória do surfe.

Há muitas outras coisas que podem deixar você ainda mais alucinado com o surfe do que já está. Encontrar um grupo de amigos para surfar e treinar juntos, ou até mesmo fundar um clube como os que temos aqui na Austrália. Você passa a surfar com um monte de garotos da sua idade e fica ainda mais contente na hora de ir para a praia e encontrar seus camaradas.

Acima de tudo, surfar deve ser divertido, e espero que este livro ajude você a se conectar com a fonte dessa alegria ainda mais rápido. Se você decidir levar a sério o seu surfe e buscar uma carreira competitiva, então há algumas coisas aqui que devem ajudar também. Mas a principal ideia é maximizar sua curtição. Se existe uma coisa que aprendi é que a gente surfa melhor quando relaxa e consegue se divertir mais.

Então, aqui vamos nós à procura de mais diversão.
Surfe feliz!

Acelerando dentro do tubo, em Rags Rights, na viagem da Red Bull para as Mentawais, enquanto o californiano Kolohe Andino, na época apenas um moleque, observava. (Foto: Brian Bielmann/Red Bull Photofiles)

O brasão da família Fanning

O mais famoso do clã Fanning, até recentemente, foi Dominick Fanning, prefeito de Limerick, o qual se destacou quando essa cidade do centro-oeste da Irlanda foi sitiada em 1651 e ele acabou sendo enforcado por suas atitudes patrióticas e inflexíveis, honrando o brasão da família. Tatuado no braço de Mick, e também em todas as suas pranchas, o escudo ancestral tem a letra A, na forma de um telhado, representando generosidade e elevação espiritual – é o símbolo perfeito para um jovem que cuida de sua família e de seus amigos.

A improvável história da imigração da família Fanning, da origem rural humilde à gloriosa ascensão de Mick ao posto de campeão mundial de surfe, é realmente extraordinária. Os Fanning vieram de Malin Head, o ponto mais ao norte, e provavelmente o mais ventoso, da Irlanda. O pai de Mick, John, estava destinado a uma vida simples na fazenda da família quando uma tragédia aconteceu. A mãe de John, Eileen, e o irmão mais novo dele, Patrick, morreram de tuberculose quando John tinha apenas 5 anos. O pai dele, Jack, um fabricante de armas e soldado do exército irlandês, desapareceu logo depois. John e seu agora único irmão, Francis, foram levados e criados pelos tios, que na época já tinham mais oito filhos e uma avó anciã para cuidar. Não se ouviu mais falar de Jack Fanning por muitos anos, até que um dia, do nada, ele reapareceu querendo levar Francis consigo para a Inglaterra, onde esteve vivendo. Os tios dos meninos, que os tinham criado como se fossem seus próprios filhos, insistiram que os irmãos não poderiam, de forma alguma, ser separados. Assim, John acabou indo, contra sua vontade, com seu pai e seu irmão para a Inglaterra.

Liz Osborne havia nascido e crescido em Warwickshire, uma boa vizinhança perto de Birmingham, na Inglaterra. O pai dela era um irlandês, tripulante de submarino na marinha inglesa. Ele morreu quando Liz tinha 7 anos de idade, em razão de uma doença nos pulmões causada por longa exposição a asbestos, materiais minerais tóxicos outrora utilizados na construção de submarinos.

O irmão mais velho de Liz mudou-se para a Nova Zelândia quando ela estava com 12. Cinco anos mais tarde, quando estudava para ser enfermeira, sua mãe lhe comunicou que ia morar com ele. Liz chocou sua mãe ao anunciar que ficaria na Inglaterra sozinha, com apenas 17 anos de idade.

A comunidade irlandesa em Birmingham atraía Liz, que se sentia isolada e queria pertencer a algum lugar. Liz conheceu John Fanning em um dos bailes de dança irlandesa,

muito comuns naquele lugar. Talvez fosse inevitável que esses dois adolescentes de mundos diferentes – ambos tendo perdido um dos pais tão cedo, o que fez que tivessem de mudar suas vidas de forma tão repentina e definitiva – não se encontrassem.

Em menos de um ano eles estavam casados e logo tiveram a primeira filha, Rachel, uma semana antes de Liz completar 19 anos. Outra coisa que o jovem casal tinha em comum era o sonho de uma vida nova em uma terra distante. Quando John viu um anúncio oferecendo passagens para a Austrália por 10 libras – parte de uma campanha do governo australiano para atrair migrantes ingleses – eles não hesitaram.

A jovem família chegou a Perth em 1971. Ali, a comissão de moradia a migrantes a alojou em uma hospedaria muito modesta, nos arredores da capital mais isolada do mundo. John perambulou pelas ruas por dias até que encontrou trabalho, pôde tirar sua família da hospedaria e mudar para uma casa propriamente dita. Então ele ficou sabendo que havia melhores condições de trabalho em Sidney. Empacotou tudo, colocou a família no carro e dirigiu por três dias através da vasta e hostil paisagem local, para finalmente se instalar nos subúrbios do lado oeste de Sidney.

Sistemas de água e esgoto estavam se expandindo para os subúrbios mais distantes e nas Blue Mountains, havia trabalho de sobra. Mas, com a segunda criança a caminho, as longas horas de trabalho do John, a distância e o ambiente estranho começaram a pesar. O segundo bebê, Peter, chegou e a família continuou mudando de casa, ainda nos subúrbios, sempre atrás de trabalho. Até que se acomodaram em Penrith, onde tiveram mais três meninos em intervalos de três anos cada: Edward, Sean e Mick.

A prática esportiva sempre esteve presente no DNA dos Fanning. O avô de Mick jogou hurling, um antigo jogo irlandês semelhante ao hockey, pela cidade de Limerick. O pai de Liz era jogador de futebol na marinha. O irmão dela era um atirador esportivo participante dos Jogos da Commonwealth. A própria Liz era uma ávida jogadora de hockey.

E esses genes esportivos se manifestariam de uma forma espetacular nas ondas da costa norte de New South Wales. Um extraordinário talento descansava dormente no menino mais jovem dos Fanning. Alimentado pelo grande afeto e incentivo da família, esse talento logo se faria notar de uma maneira que eles nunca poderiam ter imaginado.

– Tim Baker

No alto à esquerda: *A irmandade Fanning.* (A partir da esquerda) *Peter, eu, Rachel, Mamãe, Sean e Ed.* No alto à direita: *Todos nós juntos, ainda pequenos.* (A partir da esquerda) *Ed, Peter, Sean, Rachel, e eu – o bebê da família.*

CAPÍTULO 1
aos trancos e barrancos

ERA UMA VEZ NO OESTE

Crescer nos subúrbios do oeste de Sydney não é exatamente o melhor começo de vida para um surfista. Eu nasci em Penrith, que na verdade é muito longe da praia, mas acredito que se você tem água salgada correndo nas veias, você sempre vai encontrar um caminho.

Sou o mais jovem de cinco irmãos e meus pais se separaram quando eu estava para completar 2 anos, por isso nada veio fácil para nenhum de nós. Eu não me lembro de muita coisa, pois acho que, por ser o bebê da família, fui protegido da maioria dos conflitos que aconteciam. Meus pais faziam parte do grupo original de migrantes, chamados de "ingleses de 10 libras", estimulados pelo governo australiano, na década de 1970, a imigrar da Inglaterra para povoar a Austrália.

Meu pai mudou-se para Coffs Harbour, no centro da costa norte de New South Wales, logo após ele e minha mãe se separarem. Alguns anos depois, meu irmão mais velho, Pete, quis ir morar com nosso pai. Meus pais decidiram que não deviam separar as crianças e acabamos nos mudando todos para Coffs Harbour, onde ficamos até meus 6 anos de idade. Foi ali que descobri o oceano. Morávamos a um quarteirão da praia e o surfe se tornou nossa salvação.

Comecei com surfe de peito e depois surfe de pé. A gente podia caminhar até a praia a qualquer hora que tivéssemos vontade. Meus irmãos e eu nascemos todos com a diferença de três anos de idade entre cada um. Minha irmã Rachel tem cerca de 12 anos a mais que eu, daí vem o Pete, nove anos mais velho, o Ed, com seis anos a mais, e Sean, com três.

Aprendemos a ficar juntos e aproveitar ao máximo a nossa situação. Ainda me lembro bem da minha primeira prancha de surfe de peito. Era da marca Hotshot, laranja em cima e preta por baixo. Fui aprovado para a prancha de surfe quando tinha 5 ou 6 anos. Minha primeira prancha era do primeiro lote de uma marca local chamada Trinity Surfboards, que mais tarde mudou o nome para Piranha. Era uma triquilha thruster 4'11" com uma caixa de quilha, para que a quilha de trás pudesse ser mudada de posição.

Moramos com meu pai em Coffs até meu segundo ano do primário. Depois mudamos de volta para a casa da nossa mãe em Bradbury, perto de Campbelltown, ou seja, retornamos para o lado oeste de Sidney. Naquela época, não me importei muito de ficar longe do mar. Minha mãe também adorava ir à praia, para aonde nos levava nos fins de semana. Meus

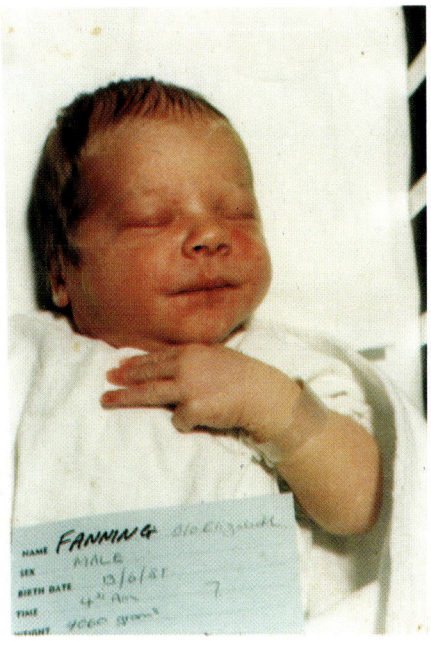

irmãos mais velhos continuaram a surfar, apesar da distância. Ed era o mais fissurado: havia manhãs em que ele acordava às cinco para pegar um trem até a praia. E nós passamos a andar muito de skate. Não muito tempo depois de mudarmos para Bradbury, abriram um bowl de skate bem perto da nossa casa, o que era perfeito. Meus irmãos tiveram que encarar algumas brigas por serem "skegs" (nome dado aos surfistas por quem vivia no lado oeste da cidade), e a galera da área apelidada de "westies" os espancava.

Nos fins de semana, minha mãe dirigia até Terrigal, na costa central, ou então para Wollongong, ao sul de Sidney. Eu ainda me lembro da sensação de descer a enorme ladeira de Bulli Pass, seguindo pela serra íngreme até o litoral, no nosso minúsculo Datsun vermelho. Surfávamos um pico em Sandon Point, perto de Wollongong, sem nunca imaginar que, mais tarde, esse se tornaria um dos lugares mais importantes da minha vida.

Página anterior: Este sou eu, com algumas horas de vida.
À esquerda: Eu, agora dando uma de bailarina, depois de brincar de me fantasiar com as coisas da minha irmã. No topo: Eu e Sean, acostumando-nos com a vida na praia em Coffs Harbour. Acima: (a partir da esquerda) Ed, Sean, Pete, eu e Rachel, curtindo a vida perto do mar, em Ballina.

RUMANDO PARA O NORTE

Eu tinha 8 anos quando nos mudamos para Ballina, na costa norte de New South Wales. Minha mãe era enfermeira e tinha conseguido um trabalho novo por lá. Morávamos em Ballina do leste, pertinho do campo de golfe, que ficava a exatamente vinte minutos de bicicleta da praia. Foi aí que nós todos começamos a surfar de verdade.

Aprendi a surfar nas ondinhas que reformavam debaixo da ponte em Ballina. Eu e Sean sempre surfávamos ali. Era bem estranho surfar ali embaixo, com os carros "zunindo" por cima da nossa cabeça, e, algumas vezes, tivemos que sair da água afugentados por tubarões. Um tempo depois, acabamos nos mudando para bem perto de North Wall, onde surfávamos a toda hora. Nosso lugar ali virou o QG da molecada iniciante. Todo mundo vinha e ficava na nossa casa, porque era muito perto da praia e tínhamos uma garagem enorme, onde a galera deixava as pranchas e jogava sinuca.

Para ser bem sincero, quando morávamos em Ballina eu ainda era da turma do futebol e gostava de participar das corridas de cross-country na escola, mais ainda que do surfe. Eu amava jogar bola. Era do time do norte de New South Wales. Fomos competir em Sidney e até ganhamos o campeonato nacional e alguns torneios NSW. Eu era meia-esquerda. Eles me chamavam de Dynamo Kid porque eu não parava de correr para lá e para cá durante o jogo inteiro. Todos nós fazíamos parte de um clube de surfe chamado LeBa (Lennox/Ballina Boardriders), mas, se algum campeonato de clubes de surfe ocorria no mesmo dia dos jogos de futebol, eu não ia ao LeBa. Eu queria mesmo era ser um jogador de futebol.

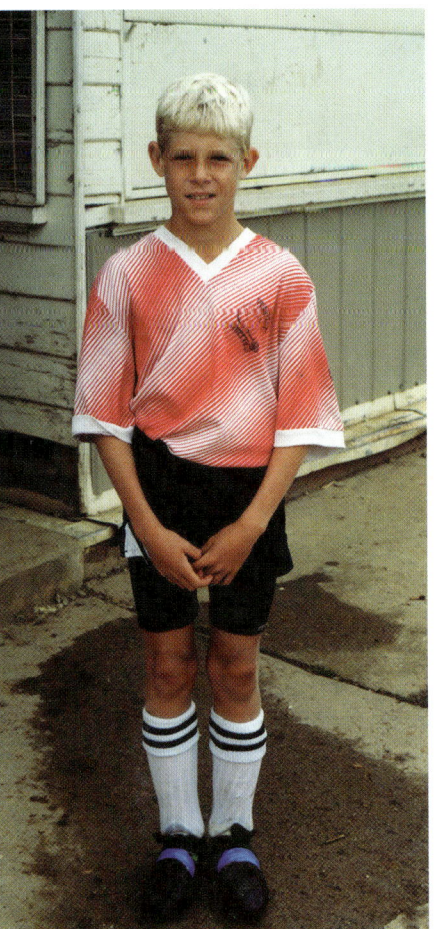

*Minha vida no esporte. À esquerda: no time de futebol Northern Rivers.
Abaixo: Um aéreo no começo da carreira. Mais abaixo: Representando o estado no cross-country.
Na página seguinte, à esquerda: Minha primeira vez numa cerimônia de premiação do clube Kirra Boardriders e um dos meus primeiros troféus de surfe.
Na página seguinte, no topo à direita: Meu novo parque de diversões, Coolangatta, e uma direitinha perfeita quebrando entre os altos edifícios da orla.
Na página seguinte, abaixo à direita: Meus dias de nadador – nossa equipe ficou em segundo lugar no campeonato estadual; eu sou o segundo a partir da esquerda.*

O PARAÍSO DA GAROTADA

Tudo ficou diferente quando, aos meus 12 anos, rumamos novamente para o norte, agora para nos fixar ao sul da Gold Coast. Minha mãe me levou para fazer a inscrição no clube de futebol Palm Beach, mas acho que não era o dia certo, porque não tinha ninguém lá. A ideia era voltar na semana seguinte, mas acabamos nunca mais voltando. Depois disso, fomos surfar em Duranbah, porque meu irmão Sean tinha que se encontrar com Danny Tukino e Scotty Peacock da Quiksilver, na tentativa de conseguir um patrocínio. Eu tinha acabado de pegar umas ondas com Sean, quando Danny apareceu e se apresentou. Eu perguntei: "Você está procurando meu irmão Sean?". Eles não tinham percebido que o Sean era meu irmão, mas tinham me visto surfar e acabamos os dois sendo patrocinados. Eles me deram uma caixa de roupas novas e eu fiquei tão extasiado que fui com aquelas roupas à escola por semanas seguidas.

Este foi de fato um momento de virada. Eu aboli o futebol nos fins de semana e só jogava bola na escola. Com o patrocínio, o surfe tomou conta. Na Gold Coast as ondas eram muito mais amigáveis para um garoto. No começo a gente morava em Currumbin. Surfávamos em Palm Beach e nos fins de semana íamos para Duranbah. Depois, acabamos nos mudando para D-bah, que logo virou meu quintal.

Dean Morrison era o cara na época. Ele tinha apenas 12 anos, mas possuía um estilo bastante maduro e suas curvas nas ondas eram supersólidas. Ele realmente me inspirou. Eu só conheci o Joel Parkinson dois anos mais tarde, em Narrabeen, durante o campeonato Pro Júnior, quando todos ainda participávamos do Cadet Cup (para menores de 15 anos). Aí o Joel acabou se mudando da Sunshine Coast para a Gold Coast e formamos nossa pequena gangue.

NO LUGAR CERTO NA HORA CERTA

Se você fosse um surfista em Coolangatta, você surfaria para o clube de Snapper ou o de Kirra, não tinha outra opção. Entramos no Kirra Club porque o treinador de surfe local, Eddie Valladares, sugeriu isso ao Sean. Eu fui só como acompanhante quando Sean participou de seu primeiro campeonato de clubes. Eu não ia nem entrar para o clube, mas acabei competindo também e me divertindo. Foi assim que tudo começou. Eram viagens hilárias para disputar títulos entre clubes e campeonatos mensais, e eu amava a loucura organizada do clube.

Outra coisa muito boa para mim nessa época foi passar a surfar com as pranchas de Darren Handley. Darren e eu estávamos no Kirra Boardriders e ele era o shaper jovem mais respeitado. Eu tinha uns 14 anos e tentava ser engraçadinho. Um dia, do nada, resolvi perguntar a ele: "E aí? Posso ser patrocinado?". E por alguma estranha razão ele disse que sim. Eu não podia acreditar no que estava acontecendo.

Com tudo isso, eu até que consegui dar um jeito de frequentar o colegial da escola Currumbin, em Palm Beach. Eu ia bem em matemática; não gostava das aulas de ciências nem das de inglês, mas me virava. Até que, no último ano, eles começaram um programa de excelência em esportes, mas não incluíram o surfe. Os surfistas ficaram revoltados, nos juntamos todos e fomos falar com o diretor: "Você tem que encontrar uma maneira de incluir o surfe". E não sei como, acabamos convencendo-o de que surfar no horário escolar era uma boa ideia. Foi perfeito. Nas segundas-feiras só tínhamos que aparecer na escola após as 11 da manhã, e podíamos sair mais cedo das aulas para surfar em algumas tardes.

Aos 15 anos, com os adesivos dos meus primeiros patrocinadores, dando um aereozinho e balançando meus braços como um pássaro magro que aprende a voar. (Foto: Joli)

"THE COOLY KIDS"

Joel e Dean eram a razão para me esforçar tanto, porque eu tinha que tentar me manter no nível deles. Éramos um bando de garotos, surfando, curtindo e encarando a escola juntos: Dean, Joel, Damon Harvey, meu irmão Sean, Adam West, Sam Porter, Shagga e seu irmão mais velho, Damo, Sparrow, Tony Cohen. Um grupo grande que se encontrava na escola e surfava de maneira alucinada nos fins de semana.

Naquela época, Joel tinha o patrocínio de uma fábrica de parafina chamada AR4. Sean e Westy mudaram, com canetas marca-texto, "AR" para "CK"; e foi assim que eles inventaram o nome "Cooly Kids" (meninos de Coolangatta). Fizeram do 4 um 7, e ficou CK7 (ainda que fôssemos mais de 7). Fazíamos nossos próprios pôsteres do CK7 e Shagga começou a nos filmar com a câmera dos pais dele. Isso foi na mesma época em que Taylor Steele começou a filmar o Kelly Slater, o Rob Machado e toda essa galera. A ideia era criar a nossa própria geração Momentum.

O nome que encontramos para os nossos filmes era Poorper Productions (Produções dos Pobretões), porque nenhum de nós tinha nem um centavo.

Mas isso foi mudando quando começamos a ser patrocinados. De repente já estávamos conseguindo coisas de graça – e até uma graninha – apenas para surfar. Parecia inacreditável.

O VERÃO EM QUE A BANCADA DE SNAPPER VOLTOU

Encontrar Joel e Dean foi muito importante para mim. Eles seriam surfistas profissionais e ponto. Não havia mais nada no horizonte deles, não tinham plano B nem por onde recomeçar se não desse certo. Eles nem se preocupavam muito com a escola, pois estavam certos de que seu destino já estava traçado. E eu fui apenas na cola deles, fazendo tudo que faziam. Conquistamos todos os títulos da Gold Coast e de Queensland juntos, sempre nos enfrentando nas finais e sempre terminando da mesma forma: Dean em primeiro, Joel em segundo, eu em terceiro e Damon Harvey em quarto.

Até que consegui entrar no time de Queensland para competir pelo título australiano e acabei conquistando o terceiro lugar. Acho que as coisas realmente começaram a acontecer para mim entre 1996 e 1997. Foi exatamente o verão em que a bancada de Snapper voltou à sua melhor formação e as ondas estavam absolutamente fenomenais, quebrando por centenas de metros a partir de Snapper e seguindo por todo o caminho de Rainbow Bay até Greenmount. E isso foi muito antes do bombeamento artificial de areia que formou o Superbank, a famosa Superbancada, mas as ondas eram tão boas quanto, ou até melhores. Eu surfava todos os dias, o dia inteiro. Aos 15 anos, eu surfava ondas perfeitas com a minha gangue de camaradas, e foi aí que comecei a pensar: "Aí sim, isto é que é vida".

Morávamos no alto do morro em D-bah. Surfávamos ali, em Snapper e em Kirra, o tempo todo. Eu ganhava calções, camisetas, roupas de borracha e pranchas. Cheguei a receber da Quiksilver algumas centenas de dólares por ano, e por isso tinha sempre um dinheirinho na mão para gastar nas lojas. Eu achava que estava arrasando. A vida para um garoto surfista não poderia ser melhor.

À esquerda: *De Snappper até Rainbow Bay, em toda sua glória.* (Foto: Simon Williams). À direita: *Eu me lembro até hoje dessa prancha. Acho que foi feita para o surfista profissional havaiano John Shimooka, mas gostei do jeito dela assim que a vi na fábrica; então, não tive dúvidas em pegá-la para experimentar.* (Foto: Joli)

DICAS DO MICK: PRINCIPIANTE

Todo mundo quer ser um surfista melhor, mas o surfe provavelmente é um dos esportes mais difíceis de se aprender e progredir. E não é fácil tentar fazer a mesma manobra repetidas vezes, de novo, e de novo, até acertar, porque duas ondas nunca são exatamente iguais uma à outra, e você tem que remar de volta todas as vezes que cai. É um aprendizado extremamente desafiador, mas que pode ser acelerado com a orientação e o conhecimento de um surfista mais experiente que você. Procure encontrar parceiros de surfe que surfem melhor que você e gostem de ensinar, dar dicas e conselhos, ou então busque um treinador ou uma escola de surfe que esteja de acordo com seu grau de habilidade.

Abaixo: *Esse foi o primeiro evento "Surfe com os Pros" que fizemos em Duranbah.*
Na página seguinte: *E esta foi nossa primeira aula em J-Bay, na África do Sul. Este menino local, Stefano, tinha uma prancha e uma roupa de borracha supervelhas e detonadas e estava com muito medo das pedras, mas conseguimos colocá-lo em algumas boas ondas e ele ficou muito feliz.* (Fotos: Joli)

O melhor tipo de onda para um iniciante é uma pequena espuma branca, então evite ondas que quebrem muito rápido e com força. Procure as ondas de espuma branca que se estendam pela maior distância possível, isso dá mais tempo para você se ajeitar na prancha e tentar ficar em pé.

Quando você está começando a aprender a surfar, o mais importante é conseguir uma prancha que seja bem estável, então procure a maior que encontrar: larga, longa e grossa. As pranchas macias de principiantes são boas porque não machucam.

Agora você precisa trabalhar no posicionamento correto dos pés. Se você surfa com seu pé esquerdo à frente, você é um surfista "regular". Se coloca seu pé direito na dianteira, então é um "goofy". Se não tem certeza, tente ficar em pé com os pés juntos e incline-se para a frente, quase caindo. O pé que você instintivamente colocar à frente para se equilibrar é seu pé da frente.

O melhor jeito de começar é treinando na praia. Você precisa deitar-se na prancha a aproximadamente 60 centímetros da ponta da prancha, porque o iniciante tem a tendência de ficar sempre com o peito quase no bico. Se você estiver muito à frente, o seu peso empurrará o nariz da prancha para debaixo da água e você vai embicar. Pratique, ainda na areia, deitar e levantar na prancha. Apoie suas mãos firmemente na borda, na direção dos seus ombros, e empurre o corpo para cima, tirando seu peito de sobre a prancha. Em seguida escorregue seu pé da frente e coloque-o entre suas mãos. Não se preocupe se você ficar um tempo nessa posição até acertar o equilíbrio. Quando se sentir pronto, empurre o corpo totalmente para o alto e apoie o pé de trás, ficando em pé.

Você deve procurar um surfista experiente para acompanhá-lo na primeira vez em que entrar no mar com a prancha, seja ele um amigo ou um professor. Eles vão saber por onde você deve remar para fora e como evitar correntes e acidentes com outros surfistas. Eles também podem ajudar você a passar as ondas com sua prancha e empurrá-lo nas suas primeiras ondas. Adoro levar pessoas para surfar pela primeira vez porque todos vibram de uma maneira incrível, então não tenha vergonha de pedir ajuda a um surfista experiente.

Quando você pegar uma onda pela primeira vez, não fique afobado para ficar em pé logo de cara. Aproveite a sensação de deslizar na água, encontre seu equilíbrio sobre a prancha e, quando sentir que chegou o momento certo, tente ficar em pé.

GUIA PARA CAVADAS

A cavada prepara todas as outras manobras que você vai fazer numa onda. Como regra geral, quanto melhor for sua cavada, melhor vai ser sua manobra na crista da onda.

São vários os tipos de cavadas que você pode fazer, mas pouca gente dá a devida importância a essa manobra. Quando se está apenas começando, é preciso pegar o jeito de inclinar-se corretamente em direção à borda interna da prancha ao chegar à base da onda, sentindo as quilhas agarrarem e usando a velocidade gerada para impulsioná-lo adiante na onda. À medida que você for evoluindo, vai descobrir que existem diferentes maneiras de dar a cavada, dependendo da onda e do tipo de manobra que você quer fazer em seguida.

Se você quiser subir verticalmente em direção à crista da onda, vai precisar fazer uma cavada bem profunda, definindo com antecipação a linha que quer seguir para poder virar com rapidez num ângulo reto em direção ao lip. Se quiser dar um aéreo, vai precisar fazer uma cavada mais curta para poder projetar-se para fora do lip. Se quiser ir até o rabo da onda e preparar-se para um cutback, deixando um longo rastro na face da onda, terá que fazer uma cavada intermediária, nem tão profunda e fechada nem tão curta e aberta.

A chave para uma boa cavada é conseguir manter o corpo na posição correta – pernas dobradas, absorvendo toda a força da curva – ao mesmo tempo que se inclina em direção à borda interna da prancha e empurra com força. Eu gosto muito de tocar a água durante as minhas cavadas, como na foto ao lado. Isso me orienta em relação à minha posição na onda, principalmente quando faço as cavadas mais profundas. Força nas pernas e na região abdominal são muito importantes para uma boa cavada.

Meu técnico, Phil, e eu falamos com frequência sobre tocar a água logo de cara ou mais tarde, e como isso afeta o tipo de cavada que você faz. De maneira geral, para mim parece que tocar a água no começo permite terminar a cavada bem mais cedo, proporcionando mais tempo para que, ao se aproximar do lip, você possa decidir qual será sua próxima manobra. O toque longo e extenso na água normalmente projeta você direto para o telhado da onda, fazendo você bater diretamente no lip. Ser capaz de absorver a velocidade e a força da sua cavada, armazenando essa energia no seu corpo, como uma mola pressionada, permite que você exploda para fora do lip com ímpeto e rapidez.

Eu amo o tipo de cavada que o Occy dá: parece começar ainda no topo da onda, e ele mantém aquela linha constante, pressionando a borda interna durante toda a cavada até chegar ao lip. Esse tipo de manobra funciona melhor quando se tem pela frente uma seção bem definida da onda, sendo desnecessário fazer qualquer ajuste.

Muitos surfistas jovens não focam nas suas cavadas, já que, na verdade, uma longa e profunda cavada não permite um aéreo muito alto. Mas é bom ter uma estratégia que abranja todas as situações, e uma cavada poderosa será sempre a base do restante do seu surfe.

A melhor maneira de aprender a dar boas cavadas é usando pranchas maiores enquanto você é jovem. Tente surfar com uma prancha que seja de 6 a 18 centímetros mais longa que a sua pranchinha normal. Você não consegue movimentar uma prancha maior tão facilmente, e precisa usar a borda e a parte de trás da prancha para impulsionar com força a saída da cavada. É também uma sensação muito boa surfar com uma prancha grande e depois voltar para a sua pranchinha, que agora parece tão pequena que você sente que pode fazer o que der vontade.

Pranchas com apenas uma quilha realmente ajudam a aprender a fazer cavadas profundas, porque você tem que usar a borda da forma correta para não derrapar nem perder o controle. Elas também ensinam como aproveitar a força da onda, já que não é possível gerar velocidade própria com pranchas de uma quilha só.

Cavada em Off the Wall no Havaí. Dá para ver que estou mirando no exato ponto do lip que quero atingir. (Foto: Joli)

CAPÍTULO 2

crescendo rápido

Muitos dos grandes surfistas da Gold Coast acabam ficando estagnados, sem sair de lá. Joel e Dean nunca falaram muito nisso, mas sempre tiveram ambições maiores do que ser apenas os melhores surfistas de D-bah. Inicialmente eu apenas acabei sendo sugado pelo rastro deles. Tudo aconteceu tão rápido para nós que nem tivemos a chance de ficar parados em casa. Na época em que a maioria dos jovens, começa a frequentar festas, lá pelos 18, 19 anos de idade, nós já tínhamos ido do Circuito Júnior para o Circuito de Acesso Mundial (WQS). E isso, de certa forma, nos salvou.

Quando éramos mais jovens, Dean era o melhor surfista entre todos nós, mas, por volta dos 16 anos, Joel simplesmente deu um salto enorme e o ultrapassou. Depois de um tempo, ganhei alguns eventos Júnior; então o Dean ganhou alguns mais e, em seguida, o Joel. Assim, seguiu esse revezamento de títulos durante toda a nossa carreira Júnior e continuou por muito tempo.

Dispor de point breaks perfeitos para praticar definitivamente contribuiu muito para o nosso desenvolvimento. Antes de o Superbank ter se formado com o bombeamento de areia do rio Tweed, a última vez que a bancada de Snapper ficou boa de verdade foi quando éramos apenas garotos ainda, aprendendo como fazer todas as diferentes manobras, e isso também nos ajudou demais. Ter a oportunidade de surfar ondas tão perfeitas, no momento certo da nossa evolução como surfistas, nos permitiu praticar cutbacks e batidas naquela onda, repetindo-as inúmeras vezes até aperfeiçoá-las nos mínimos detalhes.

À esquerda: Correndo para a final do Júnior Pro em Burleigh Heads. Joel ganhou de novo e eu fiquei em segundo. À direita: Uma rasgadinha em Off the Wall na minha primeira viagem ao Havaí. (Fotos: Joli)

A PRIMEIRA VEZ NO HAVAÍ

Fui para o Havaí pela primeira vez quando tinha 16 anos. Fiquei numa casa branca enorme, com um bando de outros garotos iniciantes, um pouco acima da estrada depois de Sunset Beach, o lugar do meu primeiro surfe havaiano. Estava perfeito lá fora, com ondas não tão grandes, de uns 2,5 metros, e muito bom, mas eu tremia de medo. Estava com minha prancha 7'0", que era a maior prancha que eu já tinha usado em toda a minha vida. Joel e Dean tinham estado lá no ano anterior e desta vez haviam chegado duas semanas antes de mim, então eu já os considerava veteranos do North Shore. Eles pegaram um monte de ondas enquanto eu fiquei lá boiando no canal. Até que finalmente tomei coragem suficiente para descer uma; caí de cabeça bem do pico da onda em Sunset, do lip até a base, e acabei com uma contratura no pescoço. Esta foi minha iniciação havaiana.

Demorou um bom tempo para eu me acostumar com o Havaí, e era difícil até mesmo imaginar que um dia me sentiria confortável ali. Lembro-me muito bem de literalmente rezar na água sempre que levava um caldo ou ficava preso no inside: "Deus, por favor, não me deixe morrer agora!". Eu estava totalmente intimidado por Pipeline naquele ano: era tão raso e lotado de surfistas que não deixava margem para erro nenhum. Acho que só surfei lá uma vez.

Meu conselho número um para todos que vão ao Havaí pela primeira vez é: seja educado com todo mundo e demonstre respeito. Tenha certeza de que está em plena forma física, porque você vai se deparar com situações muito mais pesadas do que qualquer uma que você já enfrentou em casa. Uma boa escolha de pranchas para um visitante estreante de estatura média seria uma 7'3" para Sunset, uma 6'9" para Pipe e Off the Wall e uma 6'3" para Rocky Point. Comporte-se bem, não entre na frente de ninguém, pegue suas ondas e reme com muita força. Todo surfista precisa ir para o Havaí pelo menos uma vez na vida. Vai mudar completamente a maneira como você encara o surfe, e o dia mais pesado na sua praia local nunca mais vai parecer tão intimidador.

Acima: *Uma pequena desgarrada de quilha em Wreck, Byron Bay. Esta era uma das minhas pranchas favoritas quando era garoto.*
(Foto: Simon Williams) À direita: *Explodindo de backside em Turner's Wall, Yamba, logo após assinar o contrato com a Rip Curl.*
(Foto: Andrew Shield)

CURTINDO NA FÁBRICA

Eu me interessei por meu equipamento bem cedo e passava um bom tempo na fábrica de pranchas esperando as minhas serem finalizadas e perturbando a todos. Se não tinha onda, esse era o lugar onde eu seria encontrado, apressando as pessoas para que acabassem logo o serviço, como o verdadeiro surfistinha metido que eu era. Eu ficava observando até os caras remendando as pranchas. Provavelmente fiz um milhão de perguntas para o Darren Handley. Ou até a mesma pergunta um milhão de vezes: "Por que você está fazendo isso?". E ainda faço esse tipo de coisa hoje em dia. O Darren explicava pacientemente: "Se você colocar isso assim, vai funcionar de tal jeito". Darren também anotava na longarina da prancha o que ele tinha feito, e isso era ótimo porque me dava algo para buscar no comportamento daquela prancha. Como resultado, acabei desenvolvendo um bom conhecimento de design de pranchas. Darren me desafiava de vez em quando com uma charada, dizendo que faria algo diferente em uma prancha, mas não revelava exatamente o que era – eu tinha que dar um jeito de descobrir. Ou então eu perguntava como ele achava que seria o desempenho de alguma prancha para depois contar como senti a prancha e comparávamos nossas anotações. Dedicávamos bastante tempo tentando acertar as pranchas.

CUIDANDO DOS NEGÓCIOS

Eu acho que antes de assinar meu primeiro contrato com a Rip Curl nunca encarei o surfe como carreira. Eles me deram muito dinheiro para a idade que eu tinha, e fiquei bem chocado. Era 1988 e eu estava apenas competindo no circuito Júnior, chegando a algumas finais. Eu não tinha surfado nenhum evento do WQS ainda, só o Pro Júnior, e havia disputado os títulos nacionais, estaduais e da Gold Coast. Mas Joel, Dean e eu tínhamos conquistado uma boa publicidade como os Cooly Kids, e por causa disso a Rip Curl confiou o suficiente em mim para fazer uma oferta considerável.

Um dia, eu tinha acabado de chegar em casa depois da escola quando do nada recebi um telefonema. Era Mick Ray, o gerente do time da Rip Curl, dizendo que eles queriam me oferecer 30 mil dólares por ano. Achei que era alguém querendo fazer uma piada comigo, mas então ele falou que ligaria de volta quando minha mãe estivesse em casa, para conversar com ela.

Eu só tinha 16 anos e 30 contos por ano me parecia todo o dinheiro do mundo. Era mais do que a metade do salário anual da minha mãe, que trabalhava em período integral como enfermeira, num local onde vidas estavam em jogo. Não fazia sentido para mim. Uma série de boatos começou a circular sobre a quantia que haviam me oferecido, e eu estava morrendo de medo de contar para Sean, porque era muito mais do que ele estava recebendo – tudo era meio esquisito. Naturalmente, minha mãe assumiu e começou a fazer as negociações por mim. Eu era menor de idade e, de qualquer forma, era ela quem assinaria os contratos. Eu nunca tinha tido nem cartão de crédito! Não tinha a menor ideia do que fazer com toda aquela grana, tive a sorte de a minha mãe estar ali para me ajudar.

DORES DO CRESCIMENTO

Assim que assinei com a Rip Curl, passei por uma fase de crescimento muito radical – quase 12 centímetros em seis meses. Sentia que não podia nem surfar. Eu estava pirando, pensando assim: "Estou ganhando todo esse dinheiro e não posso nem passar uma bateria. Sou um daqueles que já era, alguém que nunca vai ter sucesso". Precisei de alguns meses para poder lidar com a espichada. Eu tentava uma manobra – e sentia que *sabia* como fazê-la –, mas meu corpo não respondia. Simplesmente me sentia fora de sintonia, como um desengonçado atrapalhado. Eu era um magrelo sem força nenhuma.

Era apenas parte do crescimento, e já vi muito garotos passarem por isso. Conversei com Owen Wright sobre a mesma situação quando ele ainda era um surfista júnior top. Ele deu uma esticada tão rápida e era tão magro que sentiu exatamente a mesma coisa – ficou desesperado pensando que não podia mais surfar. Eu disse a ele: "Não se preocupe, você vai se acostumar". Agora ele está surfando melhor do que nunca. De certa maneira, foi uma experiência que me fez colocar os pés no chão. Trouxe-me de volta para o planeta Terra, fazendo que eu revisasse meu surfe desde o início. Minhas pranchinhas foram de 5'6" para 5'10" ou 5'11" no espaço de seis meses, então foi necessário um grande ajuste.

No alto: *Batida de backside nas Maldivas durante minha primeira viagem de barco.* Acima: *Aprendendo como rasgar com minha nova estrutura alongada.* Na página seguinte: *A corrente era tão forte nas Maldivas que gostávamos de nos pendurar no barco e deixar que ela nos arrastasse.* (Fotos: Andrew Shield)

NA BUSCA

Minha primeira viagem para um país onde não se falava inglês foi para a Indonésia, para o Campeonato Mundial Júnior de 1988. Joel já tinha estado lá antes, e ele e eu dividimos um quarto. Curtimos muito. Eu só tinha 17 anos, estava em uma viagem internacional surfando, sendo pago para isso – e as coisas ainda não eram tão sérias.

Quando não tínhamos que competir no dia seguinte, saíamos para curtir na cidade, como garotões em Bali tendem a fazer. Estávamos hospedados na praia de Kuta, bem no meio do agito.

Nossos técnicos nos disseram que não tínhamos autorização para alugar scooters; eu, de qualquer forma, tinha medo de dirigir uma, mas Joel conseguiu a motinho e íamos para todo lado naquela coisa. No final, Joel venceu o campeonato, e tive uma viagem sensacional que só fez aumentar meu apetite por viajar.

Fiquei apenas dois dias em casa antes de embarcar para as Maldivas. Era a minha primeira viagem de barco, com um fotógrafo e um bando de outros jovens surfistas profissionais, para sermos fotografados para uma reportagem de revista. Estávamos todos num barquinho duvidoso, e fiquei pensando que todas as viagens de barco eram assim. Não havia ar-condicionado e era tão quente que tínhamos que dormir todos no deck. Pancadas de chuva nos atingiam todas as noites e tínhamos que baixar as lonas laterais do barco e nos espremer no centro do deck para tentar nos manter secos.

Éramos somente um bando de garotos, alegres por estar numa viagem. Havia um mundo enorme se abrindo para mim, e eu estava adorando o que já tinha visto e desejava mais. Mas, quando voltei daquela viagem, tudo mudou.

A PERDA DE SEAN

Naquela época, nossa mãe ficava muito preocupada com a gente. Ela sempre dizia: "Se não for voltar para casa, me liga". Tínhamos todos estado numa festa de aniversário de dois amigos nossos. Havia uma banda tocando em uma garagem numa área industrial, para podermos fazer quanto barulho quiséssemos sem que ninguém se importasse. Foi uma festa muito divertida.

Lembro que Sean e seu amigo Joel Green estavam muito engraçados. Eles encontraram um rolo de fita isolante e resolveram enrolá-la na cabeça como jogadores de futebol australiano, feito dois bobos, um tentando derrubar o outro. Eles eram o tipo de caras que sempre faziam toda a galera dar risada.

Quando chegou a hora de irmos embora, uma das namoradas deles dirigiu porque eles tinham bebido. Eles me ofereceram uma carona, mas decidi ir a pé para casa, em parte porque eu ia dormir na casa do meu amigo Beau.

Um pouco mais tarde, enquanto eu andava na rua com vários amigos, um carro encostou perto de nós. Pensei que era a polícia, mas não estávamos bebendo nem fazendo nada errado, então não prestei muita atenção. Dois amigos da família saíram do veículo e disseram: "Mick, entra no carro". Havia dois policiais na frente, era um carro de polícia à paisana, e eles me disseram que

Eu e Sean com seu fiel Mini, que ele dirigia para todos os cantos. Acima: Eu e Sean vestidos para uma sessão de entrevista no clube Kirra Boardriders. No alto da página seguinte: Sean dando uma batida em numa fechadeira. O surfe dele sempre foi sólido e suave ao mesmo tempo. (Foto: Joli) No pé da página seguinte: Eu e Sean numa sessão de fotos para a Quiksilver, no norte da ilha Stradbroke. As pedras eram tão afiadas que destruíam meus pés. Eu estava perguntando para Sean: "Quando vamos terminar este negócio para poder sair logo daqui?". (Foto: Andrew Shield)

Joel e Sean tinham morrido em um acidente. Entrei em pânico. Era inacreditável que eu estivera falando com eles apenas alguns minutos antes e de repente eles já haviam partido.

Depois disso, fiquei isolado no meu quarto por uns quatro dias. Não queria surfar nem ver ninguém. Todo mundo sabia que eu não tinha saído de casa e, quando resolvi surfar, todos os meus camaradas apareceram do nada e remaram para o fundo comigo. Todos os meus amigos, sem exceção, apareceram. D-bah estava vazia quando começamos a remar e de repente éramos muitos lá fora. Foi épico. Todo mundo gritava e uivava. Eu não fiz nenhuma manobra durante toda a sessão. Só seguia reto na onda, sentindo a sensação familiar e confortável do vento e do borrifo de água do mar no meu rosto, a pulsação da onda embaixo dos meus pés.

Penso que ter perdido o Sean fez que eu realmente valorizasse mais a vida. Eu parei para pensar no que realmente queria fazer: "Quero ser um surfista profissional e é isso que vou fazer". Sean e eu iríamos juntos para o circuito profissional; esse era o nosso sonho. Então, quando finalmente fui competir no Circuito Mundial, para mim tornou-se muito mais especial vencer um evento ou ir bem em algum lugar.

Um amigo nosso, Peter Kirkhouse, um cineasta de surfe de Victoria, me disse logo depois que Sean morreu: "Pegue a energia dele e use-a". Naquele momento eu não pensei muito sobre isso, mas, olhando para trás, aquela energia realmente veio comigo. Em vários momentos tenho a impressão de que Sean está comigo quando estou viajando ou competindo. De vez em quando, sonho com ele todas as noites por uma semana inteira e me sinto supermotivado psicologicamente. Os sonhos que tenho com ele são tão vivos, tão reais – fico alegre por vê-lo de novo. Às vezes, tenho a sensação de que estamos juntos, e acordo feliz por tê-lo visto outra vez.

Sean estava determinado a ter sucesso como surfista profissional. Ele sempre escrevia para patrocinadores, treinava e fazia isso ou aquilo – e surfava muito bem. Acho que foi assim que aprendi minha ética de trabalho. Se você vai fazer alguma coisa, faça-a da maneira certa. Eu ainda carrego essa ideia comigo hoje e acho que Sean tem muito a ver com isso. Sempre quero que a minha performance seja a melhor possível. Não quero acabar sentado, pensando: "Eu poderia ter feito isso, ou poderia ter feito aquilo". Se eu fizer exatamente aquilo que devo fazer, no momento certo, então não vou ter nenhuma desculpa e, portanto, nenhum arrependimento.

CONHEÇA A SUA PRANCHA

Entender sua prancha é a coisa mais importante que um surfista pode fazer. Quando eu era garoto, sempre perguntava para o meu shaper, Darren Handley, o porquê de as pranchas fazerem isso ou aquilo. Às vezes acho que tudo que ele queria era me chutar para fora da fábrica, para que conseguisse terminar seu trabalho. Mas com o tempo desenvolvi uma boa compreensão de como uma prancha funciona e, mais importante, o que serve melhor para mim.

CURVA DE FUNDO

A curva de fundo se refere ao contorno da parte de baixo da prancha, do bico à rabeta, de borda a borda. Ao longo dos últimos 14 anos, Darren e eu chegamos a uma curva de fundo que posso utilizar em todas as condições. É uma curva suave e gradual, com uma pequena acentuada na traseira, de 10 a 18 centímetros da rabeta. Isso me dá bastante impulsão, mas também permite viradas bruscas junto ao lip. Na adolescência, eu usava somente uma concavidade no fundo, o que me dava muita velocidade em ondas pequenas. No decorrer dos últimos anos, à medida que me tornei mais forte, precisei de algo nas quilhas que ajudasse com as trocas de direção sem que afundasse demais na face da onda. Então, adicionamos uma dupla concavidade à concavidade única e profunda que tínhamos, ao longo dos 36 centímetros da rabeta. Isso separa o fluxo de água e faz que a mudança de direção seja mais fluida.

CURVATURA

A curvatura, ou rocker, é simplesmente a curva de fundo do bico à rabeta e varia de acordo com o tipo de onda que você quer surfar. Curvaturas planas, com bico e rabeta pouco levantados, são sensacionais para ir rápido. Elas funcionam melhor em ondas pequenas e gordas, já que aceleram e voam, passando pelas seções mortas com facilidade. O lado negativo é que não se encaixam muito bem no interior das ondas. Curvaturas medianas são provavelmente as mais usadas em pranchinhas, incluindo as minhas. Eu geralmente uso um bico levantado em 5 $\frac{1}{4}$ polegadas e a rabeta de 2 $\frac{1}{4}$ a 2 $\frac{7}{8}$.

RABETAS

Noventa e nove por cento do tempo eu surfo com rabetas quadradas de bordas arredondadas (rounded square). Quando era criança, costumava usar bastante rabetas redondas (rounded) porque gostava da sensação de alongar as viradas. Mas hoje uso as rounded square. Elas dão uma sensação parecida com a da rounded, com curva longa e gradual de volta ao pico, mas também podem desgarrar quando preciso. E posso fazer pressão que elas permanecem por cima da água, sem que eu dê uma enterrada de borda. Rabetas pino (pintails) são excelentes para entubar e também para pranchas grandes. Eu simplesmente não posso usar rabetas andorinha (swallow). Sinto que elas perdem contato com a onda quando fazem a transição de um eixo a outro.

BORDAS

Bordas de caixa (boxy rails) são volumosas e arredondadas e quase nunca dão uma enterrada na onda. Mas tornam extremamente difícil de penetrar na parede. Bordas baixas (low rails) são exatamente o oposto da boxy rail. Se você observar a ponta de uma faca de cozinha afiada, terá o perfil das low rail. Elas são afiadas e não perdoam, mas são ótimas para penetrar na água. São excelentes para ondas limpas e quando se está indo muito rápido. Fazem que você sinta sua prancha fina e sensitiva. Uma borda mediana é algo entre low e boxy, e é o que você vai ver na maioria das pranchas de loja ou com caras que curtem o surfe sem muitas complicações.

Eu gosto de uma low boxy rail, que é uma junção dos dois conceitos – encaixotada na curvatura da borda e realmente suave, mas bem mais fina do que no centro da prancha. Essa borda dá a você uma sensação de que não vai ser enterrada, além de suavidade nas curvas, mas também permite que você penetre a borda na água com facilidade.

QUILHAS

As quilhas podem alterar qualquer prancha de forma dramática. Eu costumava preferir quilhas fixas, mas ultimamente tenho utilizado quilhas dos sistemas FCS com bons resultados. Eles tornam muito fácil experimentar diferentes formatos de quilhas e também empacotar as pranchas para viagem de uma maneira bem mais simples. Comecei usando FCS na minha pequena 5'11'', que me deu uma impulsionada em 2009, e tenho adorado esse tipo de quilha desde então.

Também deve ser considerado o número de quilhas que você usa numa prancha. Obviamente a thruster, ou triquilha, é a que dá os melhores resultados numa ampla variedade de condições. Ela propicia impulsão, velocidade e capacidade de manobrar que nenhuma outra configuração permite. Como eu uso thrusters dia sim dia não, frequentemente gosto de surfar com equipamento diferenciado e curtir os estilos de surfe possíveis nessas pranchas.

ESTILO MONOQUILHA

Eu adoro surfar com monoquilhas. Elas nos ensinam a surfar a onda pelo que a onda é. É complicado gerar velocidade numa monoquilha, pois não se tem as quilhas laterais para se apoiar nas trocas de direção; então, estar no lugar certo da onda é crucial. Elas nos ensinam a desenhar linhas bonitas também. Mas o que mais gosto nelas é a forma como rasgam a onda. Você tem que surfar com a borda dentro da água e guiá-las durante toda a curva com a quantidade exata de pressão.

DIVERSÃO NAS BIQUILHAS

Biquilhas são muito divertidas. Elas podem gerar muita velocidade porque não têm o arrasto da terceira quilha estabilizadora. São excelentes para ondas pequenas e rápidas, pois acompanham a velocidade ao longo da onda. São ótimas para encaixar uma manobra na outra e deixam o surfe divertido quando as ondas estão sem graça.

QUADMANIA

Tem havido bastante interesse nas quads, usadas pelo Kelly em competições, mas não gastei muito tempo nelas. Eu as acho bem similares às biquilhas, mas talvez um pouco mais estáveis nas curvas. Elas mantêm bem a velocidade e são excelentes para ondas pequenas.

GUNS

Ao surfar ondas de arrecife tubulares, como no Havaí, no Taiti, em Fiji ou na Indonésia, descobri que os melhores shapers para pranchas de ondas grandes (guns) são os havaianos. Eles crescem nesse tipo de onda e aprendem o que funciona melhor nela. Essas ondas têm tanta força que você não precisa conseguir velocidade extra da prancha. Para mim, Wade Tokoro é o melhor shaper de guns do mundo. Ele pode fazer uma semigun manobrar como uma pranchinha, o que é exatamente o que você precisa quando está surfando ondas de consequência. Ter confiança no seu equipamento é um fator muito importante no surfe de ondas grandes. Uma decisão errada numa fração de segundo numa onda daquelas pode colocar sua vida em risco.

VARIEDADE É O TEMPERO DA VIDA

Eu aprecio surfar com muitas pranchas diferentes. Isso mantém as coisas atualizadas e excitantes. Recomendo que você experimente uma monoquilha, uma biquilha ou uma fish de vez em quando. Surfe com elas por alguns dias, e depois volte para sua pranchinha normal e você terá uma nova admiração pelo modo como as pranchas evoluíram. Mas, acima de tudo, curta seu surfe.

PEGUE UMA PLAINA

Eu já shapeei algumas pranchas e gostei muito. Lembro de uma round-tail que tinha tanta concavidade dupla que só funcionava quando as ondas estavam realmente sugando, mas achei que aquela era a melhor prancha de todos os tempos. Shapeei uma monoquilha que ainda tenho e funciona de maneira insana. A experiência de ter de fato dado forma a uma prancha me fez apreciar muito mais essa arte.

Página anterior. À esquerda: *Eu e algumas das minhas pranchas favoritas.* À direita: *a garagem está tão cheia de pranchas que mal tem lugar para um carro.*
(Fotos: Simon Williams)

1998/99, BORDA AMARELA
5'11" x 17 ¾" x 2 ⅛"
Tive esta prancha por muito tempo, quando passei por uma fase de crescimento acentuado e saltei das 5'9" para as 5'11". A prancha tinha uma borda bem grossa. Era a única prancha que eu possuía, então surfei e surfei e surfei com ela. Foi a todos os lugares comigo: ao Mundial Júnior em Bali, na minha primeira viagem de barco nas Maldivas. Venci dois eventos com ela, de ponta a ponta – o Pro Júnior em Narrabeen e o Jetty Surf em Bells. Surfei com ela na minha primeira aparição em um filme da Rip Curl.

2002, "HARRY POTTER"
6'0" x 18" x 2 ⅛"
Surfei com esta prancha quando, em 2002, venci em J-Bay pela primeira vez. A princípio, não gostei dela, e a deixei de lado por um tempo porque tinha uma concavidade muito funda entre as quilhas. Eu não tinha certeza de que funcionaria. Mas então surfei com ela um dia em Greenmount e a prancha funcionou impressionantemente bem. Acabei empacotando-a e a usei para vencer em J-Bay. Foi uma daquelas pranchas com as quais tentamos algo diferente e funcionou – mantinha a velocidade e eu podia me posicionar bem em cima da rabeta.

2005, A PRANCHA DO RETORNO – "TIMEERA"
6'1" x 18 ¼" x 2 ³⁄₁₆"
Esta prancha é o modelo que usei no meu retorno ao Circuito Mundial, em 2005, no Quiksilver Pro, em Snapper, após me recuperar da lesão sofrida no tendão do jarrete. Não havia nenhuma pintura nas minhas pranchas e não tinha como eu saber qual era qual; por isso, batizei esta com o nome da minha sobrinha, Timeera. Foi uma decisão acertada e acabei vencendo o evento. Mas não funcionou em nenhum outro lugar. Isso foi quando eu avancei das 6'0" para as 6'1", só que não fiz mais nada diferente.

2007, PRANCHA DO TÍTULO MUNDIAL

6'11' x 18 ¼ " x 2 3/16"

Esta foi a prancha que encaminhou meu ano do título mundial. Ela me levou a um primeiro lugar em casa, na Gold Coast, um terceiro em Bells e uma final na França, mas eu a parti ao meio na semifinal daquele dia. Havia algo a respeito desta prancha que eu nunca tinha sentido antes. Na primeira vez em que subi nela, *senti* que era uma prancha mágica. Parece meio fina, mas a espuma está escondida em toda sua extensão. Quanto mais eu surfava, mais eu gostava. Uma prancha realmente especial.

2009, "GANHADORA DE DINHEIRO"

5'11" x 18 ½ x 2 3/16"

Antes de ir à Califórnia para o US Open em Huntington, em 2009, pedi para o DH me fazer uma pequena 5'11", porque eu estava esperando ondas pequenas. Também pedi a ele para colocar quilhas FCS removíveis, mais práticas para viajar. Foi muito bom ter encomendado esta prancha, pois tivemos muitas ondas pequenas ao longo da segunda metade do Tour. Terminei em segundo lugar em Huntington e em primeiro em Trestles, na França e em Portugal. Eu a chamava de "ganhadora de dinheiro", pois ela me rendeu uns 200 mil dólares no intervalo de dois meses.

2009, A PRANCHA DE PIPE E DO TÍTULO MUNDIAL

6'8'' x 18 ¼ '' x 2 3/16''

Meu quiver para o Havaí naquele ano foi simplesmente incrível. Eu tinha três pranchas de cada tamanho. Lembro daquela manhã no Havaí, em que olhei para as ondas e pensei com qual prancha deveria surfar. Eu havia surfado com uma prancha que era muito pequena naquele dia, então peguei esta pela primeira vez. No Havaí é comum você não ter a chance de surfar com as pranchas antes de competir nelas. Coloquei cada uma debaixo do braço, e esta foi a que me passou a melhor sensação entre as 6'8". Ela fez o trabalho: conquistei o título mundial em Pipe.

CAPÍTULO 3

bem-vindo ao mundo

Daquele ponto em diante, as coisas pareciam acontecer muito rápido. Em três anos, fui das finais dos campeonatos Pro Júnior para o WCT (World Championship Tour), o mundial de profissionais. Provavelmente o maior destaque nesse começo foi ter vencido o campeonato original Pro Júnior em Narrabeen, em 1999. Depois fomos para Victoria, para o campeonato Jetty Surf Pro Júnior, que acabei vencendo também.

Mais tarde, naquele mesmo ano, fui convidado para participar de um evento especial em Sandon Point, Wollongong, chamado Konica Skins, competindo ao lado dos melhores surfistas profissionais do momento. Eu só tinha 17 anos e, quando olhava para as baterias, elas pareciam assustadoras. Comigo estavam caras como Mark Ochilupo (Occy), Luke Egan, Munga Barry e muitas outras lendas do surfe as quais sempre admirei. Eu pensei: "Isso vai ser muito difícil", mas tinha algo no ar naquele dia, e eu logo embalei.

Era o lugar onde costumava surfar com meus irmãos, quando minha mãe nos levava de carro até a costa sul, muitos anos antes. Minha mãe estava presente, com dois grandes amigos meus. O campeonato aconteceu exatamente na data de aniversário de 21 anos de Sean, e foi muito estranho mesmo, porque naquele dia eu ganhei exatamente 21 mil doletas.

Dois meses depois, Joel Parkinson ganhou o evento do WCT de Jeffreys Bay, o Billabong Pro, na África do Sul, participando como convidado. E, logo depois que o Joel venceu em J-Bay, nós dois estávamos conversando e nos fizemos esta pergunta: "Como pode acontecer tudo isto?". Ainda nos sentíamos garotos e nossos resultados tinham derrubado alguns dos maiores nomes do surfe. Era difícil acreditar que estávamos competindo com todos aqueles caras que nos inspiravam enquanto iniciávamos no surfe.

Página anterior à esquerda: *Eu, Deano e Joel, todos em traje de gala, no interior de uma limusine, para uma foto de capa da revista* Tracks. *Estávamos comemorando também o lançamento do nosso vídeo em conjunto:* Three degrees (Três graus). (Foto: Simon Williams)
Acima: *Decolando para um aéreo double-grab em D-bah.* (Foto: Andrew Shield)

NO TOUR

Comecei a competir no World Qualifying Series (WQS) em 2000. Não estava planejando participar em tempo integral, mas fui a Newcastle e passei uma bateria atrás da outra. Antes que eu desse conta, estava no último dia, cheguei à final e acabei vencendo o evento. Decidi ali mesmo: "Vou sim participar do 'QS' este ano".

Desde o começo eu curti as viagens e as competições. Cheguei bem perto da qualificação naquele primeiro ano – acho que fiquei a duas baterias de conseguir entrar no WCT. Foi um pouco desanimador, porque os dois caras que estavam viajando comigo em 2000, Joel Parkinson e Nathan Hedge, se qualificaram.

Olhando para trás, foi bom não ter me qualificado logo naquele primeiro ano, porque eu iria para o próximo ano pensando: "Ah, isto vai ser fácil". Eu queria mesmo era chegar arrebentando em 2001 e ir muito bem logo do começo. E fiz isso, mas não exatamente da maneira que esperava.

DE VOLTA AO PAREDÃO

Eu sempre soube que minhas costas tinham algo esquisito, e que com o tempo estava ficando cada vez mais estranho, mas nunca fui procurar um quiropraxista ou especialista no assunto. Então minha coluna começou a me dar problemas. Ao longo dos dois últimos dias, foi ficando pior e pior, até que todos os músculos das minhas costas travaram e eu mal podia me mexer. O Quiksilver Pro em Snapper estava próximo, na época um evento WQS, e eu tinha que tentar alguma coisa.

Ouvi falar que havia um quiropraxista no campeonato e fui me consultar com ele. Seu nome era Chris Prosser e foi muito bom tê-lo conhecido. Naquele momento eu não estava conseguindo nem surfar mais. Chris me ajudou durante todo o evento, com seus ajustes, alongamentos e alívio das dores, e no final eu consegui o segundo lugar, atrás de Taj Burrow. Depois disso, Chris me ensinou uma sequência de alongamentos a serem feitos antes de qualquer bateria ou até mesmo quando fosse surfar por diversão.

Acima: Minha primeira vitória no WQS, em Newcastle.
À direita: Vencendo em Bells como convidado, em 2001. O troféu é quase do meu tamanho!
(Fotos: Joli)

O meu problema na coluna é chamado escoliose, uma palavra que vem do grego e significa "torto". Basicamente é uma acentuada curvatura na coluna vertebral, que pode piorar progressivamente com o tempo, causando dor, limitando a mobilidade e frequentemente requerendo cirurgia. Acho que é uma condição hereditária, mas se agrava com atividades como o surfe, que coloca bastante pressão na coluna e pode causar desbalanceamento da musculatura. O mais importante é o fortalecimento da musculatura abdominal, para que ela seja capaz de suportar o impacto e sustentar o corpo.

PEGANDO EMBALO

Foram dois meses de trabalho duro e tratamento para minhas costas voltarem ao normal. O mais impressionante é que, justamente em meio a tudo isso, eu dei a maior embalada da minha carreira competitiva. Fui para Margaret River e venci um evento do WQS, depois recebi um convite para participar do WCT Rip Curl Pro em Bells Beach e venci esse campeonato também. Não dava para acreditar. Era tudo que eu podia fazer: ficar em forma para correr cada bateria. Mas agora consigo entender por que fui tão bem. Eu tinha um ponto de foco fora do surfe, que tirava minha mente da preocupação com os campeonatos.

Foi assim também que descobri os benefícios de ter uma rotina durante os campeonatos. Antes de qualquer bateria, eu executava uma série de alongamentos que faziam bem tanto para meu corpo como para minha mente. Esse retrocesso em potencial acabou se tornando um ponto positivo na minha carreira.

Uma das fotos de surfe que começou a chamar minha atenção para o contorno esquisito da minha coluna. (Foto: Simon Williams)

AS SESSÕES EM LENNOX

No início de julho de 2001 toda a costa leste da Austrália foi atingida por uma das melhores ondulações de leste da história. Todos os lugares, de Noosa a Ulladulla, estavam bombando. O Tour estava em Jeffreys Bay e, por isso, nenhum dos surfistas do WCT se encontrava em casa, mas eu tive a sorte de estar no centro de tudo isso.

Por algum motivo, eu havia decidido dirigir até Lennox Head, no norte do estado de New South Wales. Subi no carro com meus amigos Shagga e Guts. A maré estava baixa de manhã e a ondulação começava a subir com ela, então surfamos ondas incríveis a tarde inteira. Voltamos para o mesmo lugar no dia seguinte, e estava como em J-Bay – vento terral forte jogando longe a água do topo das ondas. Mal saí da água o dia todo.

Foram provavelmente os dois dias mais perfeitos que já surfei na costa leste. Tive uma daquelas sessões em que não acontece nada errado. Você está tão pilhado nas ondas que parece que tudo que você faz cola. Depois da sequência vitoriosa do começo do ano, a sensação era a de que as coisas realmente estavam dando certo para mim.

Um dos melhores dias de surfe que já tive na costa leste da Austrália, em Lennox Bay, durante a grande ondulação de leste de julho de 2001. O controle de velocidade é o segredo do bom surfe em point breaks. Por isso, é fundamental conseguir ir da aceleração, pressionando a prancha com o pé da frente, para as atrasadas, com o pé de trás, e manobras.
(Sequência: Simon Williams)

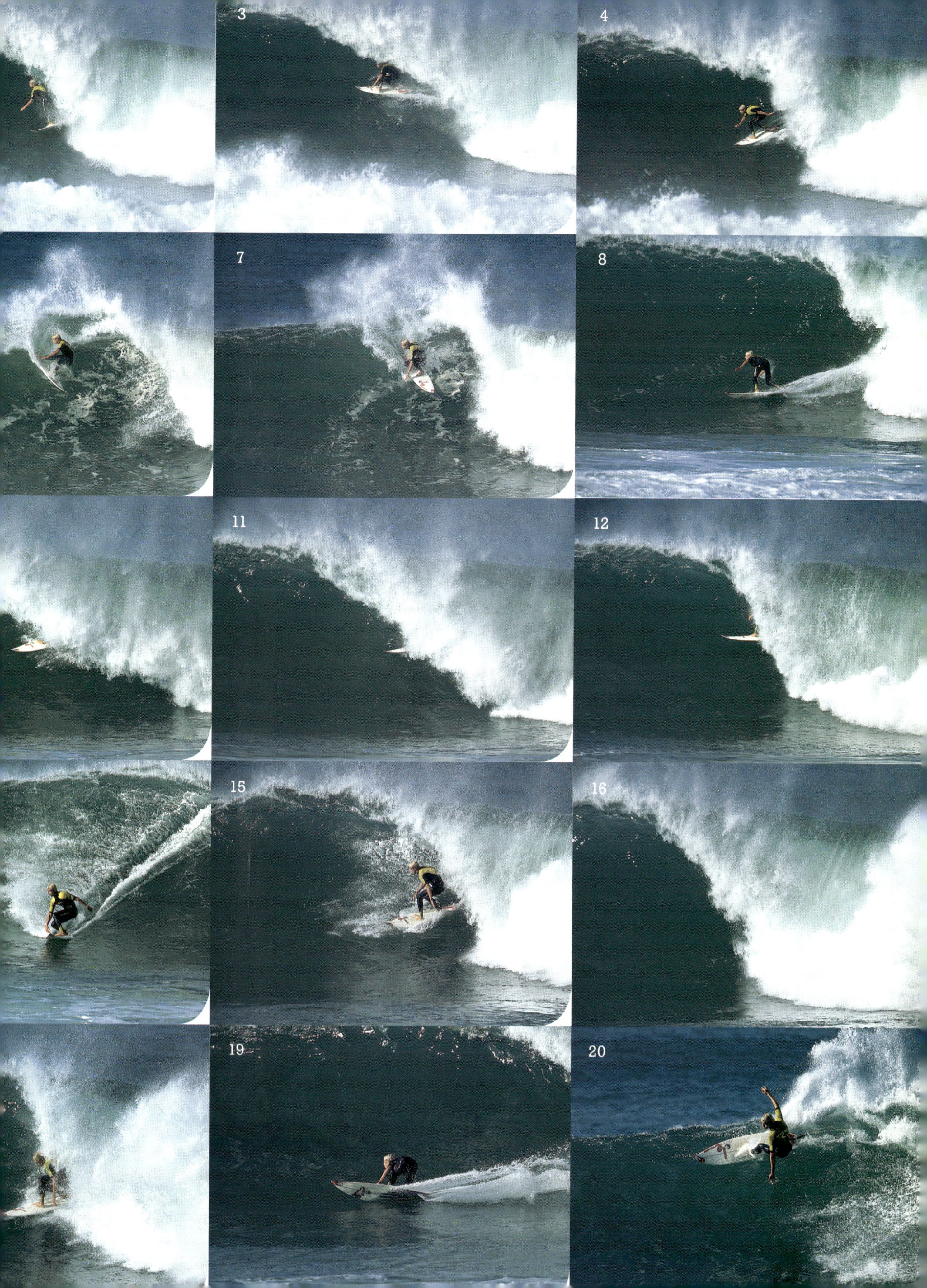
3
4
7
8
11
12
15
16
19
20

CLASSIFICANDO

Depois daquele começo de temporada, classifiquei para o WCT na metade do ano. Quando cheguei à França, a pressão da classificação já havia passado. Então relaxei um pouco e me preparei para alguma diversão. Perdi um pouco daquela intensidade no meio da temporada, e de fato ela não voltou até o final do ano no Havaí.

Para mim, era muito importante ir bem no Havaí. Eu estava em segundo lugar no ranking do WQS, atrás de Taj Burrow, mas não se tratava de resultados e classificação – eu queria provar para mim mesmo que era capaz de surfar aquelas ondas. E elas estavam grandes naquele ano. Haleiwa estava enorme para o campeonato, e entrei num estado mental em que tudo estava bem claro. Eu acabei em segundo lugar; Andy Irons, em primeiro. Cheguei nas quartas de final em Sunset e Pipeline, então tive uma temporada havaiana muito boa.

Quando você vai para o Havaí e já teve um pouco de publicidade, todos começam a comentar: "Nossa, aquele cara conseguiu isso ou aquilo, mas será que ele pode mandar bem aqui?". Você realmente tem que provar tudo de novo ali.

Foto maior: *Este foi o dia em que venci o WQS de 2001 por ter chegado à final em Haleiwa. A prancha era uma 7'3" e Haleiwa estava enorme. Meu shaper havaiano Wade Tokoro me disse onde eu devia me posicionar para não ser varrido pelas séries.* Foto menor: *Recebendo meu troféu como campeão do WQS.* (Fotos: Joli)

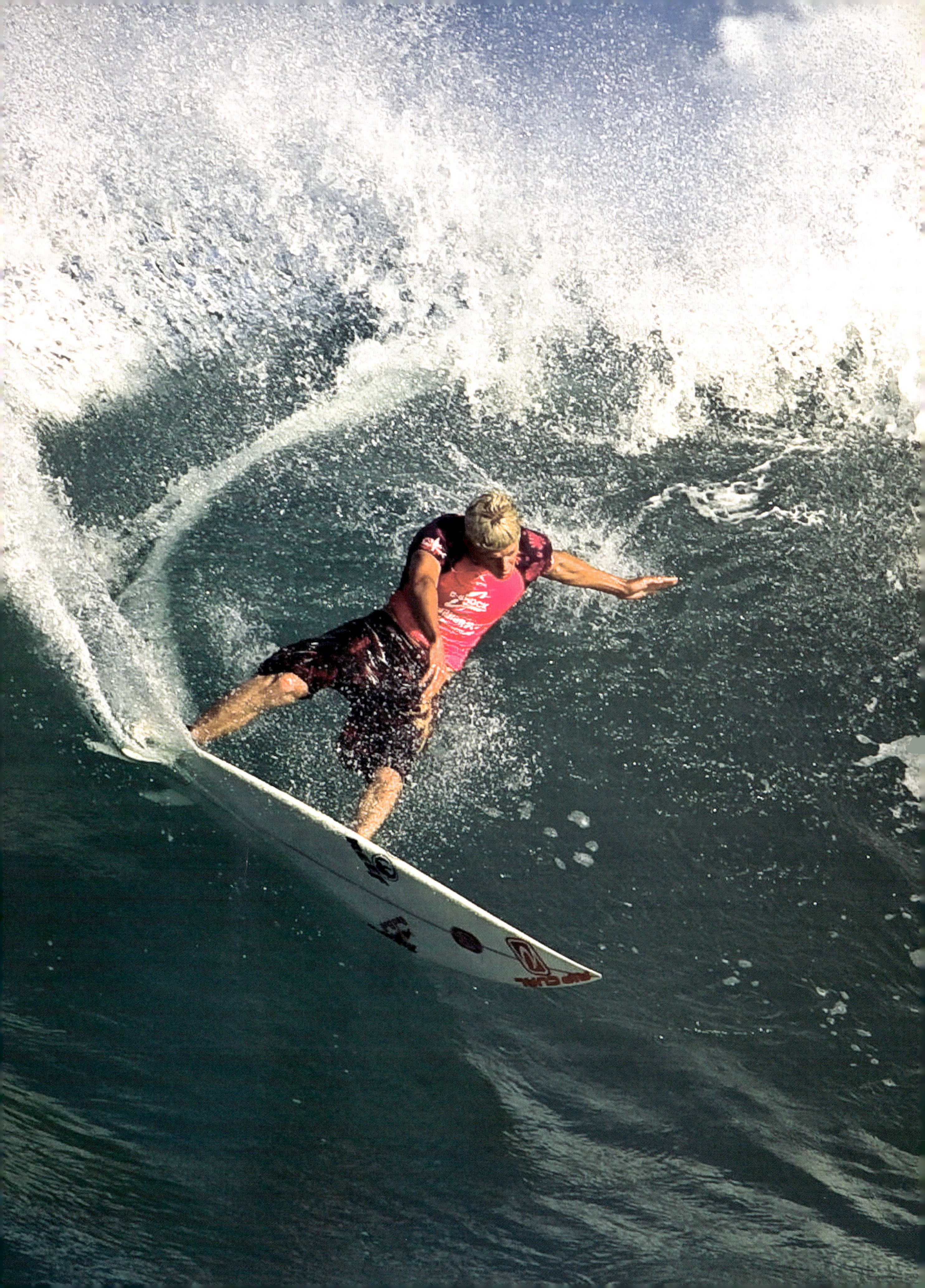

DICAS DO MICK: INTERMEDIÁRIO

Quando você começar a executar as manobras básicas, há algo essencial a ser lembrado: o ponto para onde você olhar é para onde você vai. Sempre escolha a parte da onda para onde você quer ir em seguida. Ao ver aquelas fotos de cavadas de caras como Kelly Slater, você pode observar que ele está olhando para o exato lugar em que quer bater, como se tivesse aquela seção do lip no centro de sua mira.

Quando garoto, eu tinha uma pequena folha de papel colada na minha porta, com os dias da semana. Para cada dia, eu escrevia como queria surfar e o que iria tentar. Por exemplo:

Segunda-feira – batidas
Terça-feira – cutbacks
Quarta-feira – aéreos
Quinta-feira – derrapadas
Sexta-feira – rasgadões
Sábado e domingo – conectar tudo

Descobri que esta era uma maneira muito divertida de aprender todas essas manobras em quaisquer condições que o mar apresentasse. Ainda coloco pequenos objetivos para o que quero atingir numa sessão de surfe. Percebo que, quando tenho uma meta, evoluo muito mais do que se estou apenas de brincadeira o tempo todo.

Este é um bom exemplo de olhar para onde você quer ir. Eu virei minha cabeça para ver a espuma branca atrás de mim e escolhi o lugar exato onde queria bater ao completar o cutback. (Sequência: Simon Williams)

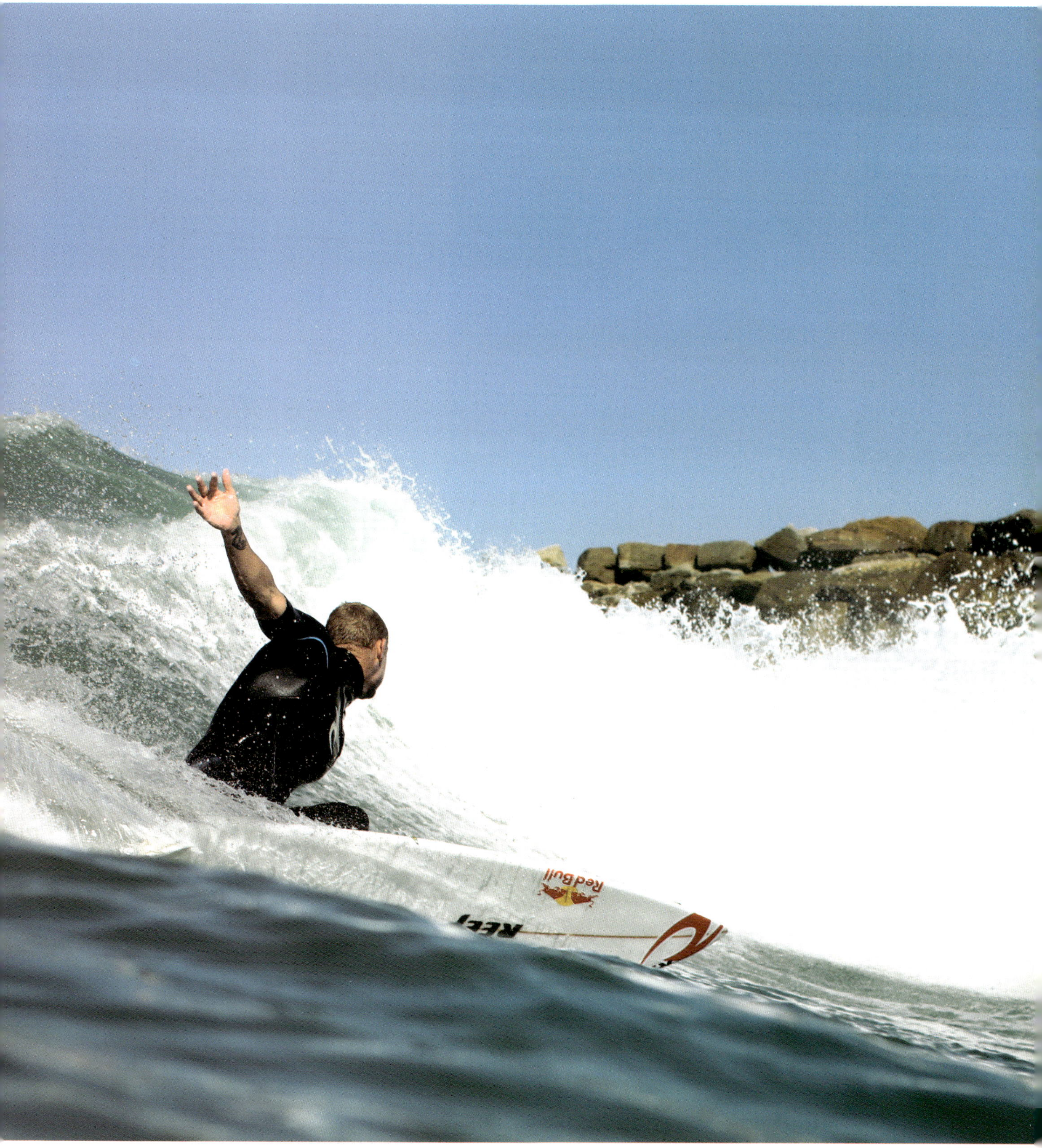
Red Bull

GUIA PARA CUTBACKS DE BACKSIDE

A curva de volta para o pico, com as costas para a onda (cutback de backside), é quase uma cavada de frente para a onda estendida – você se apoia na borda ao lado dos dedos do seu pé em direção à onda. Para completar um cutback com estilo, você tem que rebotar na espuma branca como se estivesse dando uma batida nela.

1 Comece o mais alto que puder na onda e avance no rabo bem adiante, com muita velocidade para ter bastante tempo de redirecionar sua linha de volta.

2-4 Assim que você definir sua linha, apoie-se com força no lado da prancha onde estão seus dedos e mire no lugar exato em que você quer bater. Deixar firme a musculatura das pernas é importante para manter essas curvas longas e abertas. Você pode colocar sua mão de dentro na água, como um ponto de pivô para a virada.

5 Quando você estiver próximo de bater na seção, alivie no lado dos dedos, prepare-se como se estivesse indo para uma batida normal e mande ver.

6-11 Enquanto desliza espuma abaixo, você vai precisar tirar o peso da prancha e se preparar para o impacto. Veja onde irá aterrissar. Esteja pronto para comprimir as pernas e absorver o impacto com seu peso centrado na prancha.

Use a espuma para amortecer sua descida.

12-13 Preste atenção para não ficar muito para trás na seção, pois isso tornará difícil sair da espuma e prosseguir na onda.

14 Ao sair da espuma, firme seu posicionamento sobre a prancha e prepare-se para a próxima cavada.

Quando executados de forma correta, cutbacks de backside dão uma sensação incrível, pois assemelham-se a duas manobras em uma – uma cavada estendida seguida de uma batida na espuma. Essa combinação de manobras é o que normalmente se chama de dar uma volta pela casa (roundhouse cutback).

(Sequência: Agustin Munoz/Red Bull Photofiles)

CAPÍTULO 4

o circuito dos sonhos

Quando comecei meu primeiro ano no WCT, não estabeleci metas ridículas. Nunca saí falando que seria o campeão mundial. Apenas tentei ser realista. Eu queria me reclassificar para o WCT sem me apoiar na rede de segurança do WQS, e não queria nenhum 33º lugar. Precisou de um tempo para que eu me ajustasse. Comecei o ano com quatro 17ºs lugares, e estava decidido a competir na extensa perna europeia do WQS, só para ficar seguro.

Fui para Jeffreys Bay, África do Sul, sabendo que precisava de um excelente resultado. Eu nunca tinha estado lá; Joel e Dean viviam me falando: "Você vai amar J-Bay – o lugar é demais e as pessoas são muito legais". É uma mistura de Lennox e Burleigh. Voando onda abaixo, você vai encontrar essas enormes paredes, onde é possível fazer linhas bem longas. Eu estava adorando tudo aquilo, assistindo a filmagens de todo mundo surfando o pico, estudando as estratégias dos melhores surfistas. Até que numa tarde fui surfar, tudo se encaixou e acabei vencendo o evento.

Tivemos ondas muito boas naquele ano, de 1 a 2 metros com vento terral, e eu peguei uma chave muito difícil: Damien Hobgood, Kalani Robb, Taj Burrow, Danny Wills e Mick Lowe na final – então eu estava muito empolgado para ganhar.

Vencendo em Jeffreys Bay em 2002. J-Bay foi épico, é a bancada incrível. Usei a prancha Harry Potter. No alto: O cara que está atrás na foto era uma figura clássica, tornou-se um amigo de imediato, e para todo lugar que eu ia, ele levava essa bandeira do canguru lutando boxe. (Fotos: Joli)

51

INDO PARA CASA

Depois da temporada europeia do circuito, decidi visitar meus ancestrais na Irlanda. Parko, Hedgey e o Shagga vieram comigo. Eu sempre ouvia histórias da Irlanda e dos meus familiares que moravam ali, mas nunca tinha encontrado ninguém antes. Conheci meus padrinhos, todos os meus primos e uma tia-avó.

Foi uma viagem que eu sempre quis fazer e foi muito especial. Vi a casinha, velha e deteriorada, onde meu pai tinha passado a infância. Só há uma estrada de acesso ao vilarejo. Há um farol, uma escola, um pub, algumas poucas casas e só.

Existem ondas, mas venta demais e é muito frio. Na verdade, não é longe de Bundoran, onde a maioria dos surfistas irlandeses está localizada, mas nós não estávamos ali para surfar.

Foi um verdadeiro choque poder ver como meus pais tinham vivido e como seria minha vida se eles tivessem ficado ali. São todos fazendeiros de vida bem simples, mas têm aquele coração caloroso e a excepcional hospitalidade irlandesa.

Foto maior: *Esta é uma foto incrível tirada pelo meu amigo Jon Frank, no Taiti, suspenso sobre o lip enquanto dou uma cavada. O formato ficou igual ao de um coração.* Foto menor, no alto: *Visitando a casa onde meu pai cresceu, na Irlanda.*

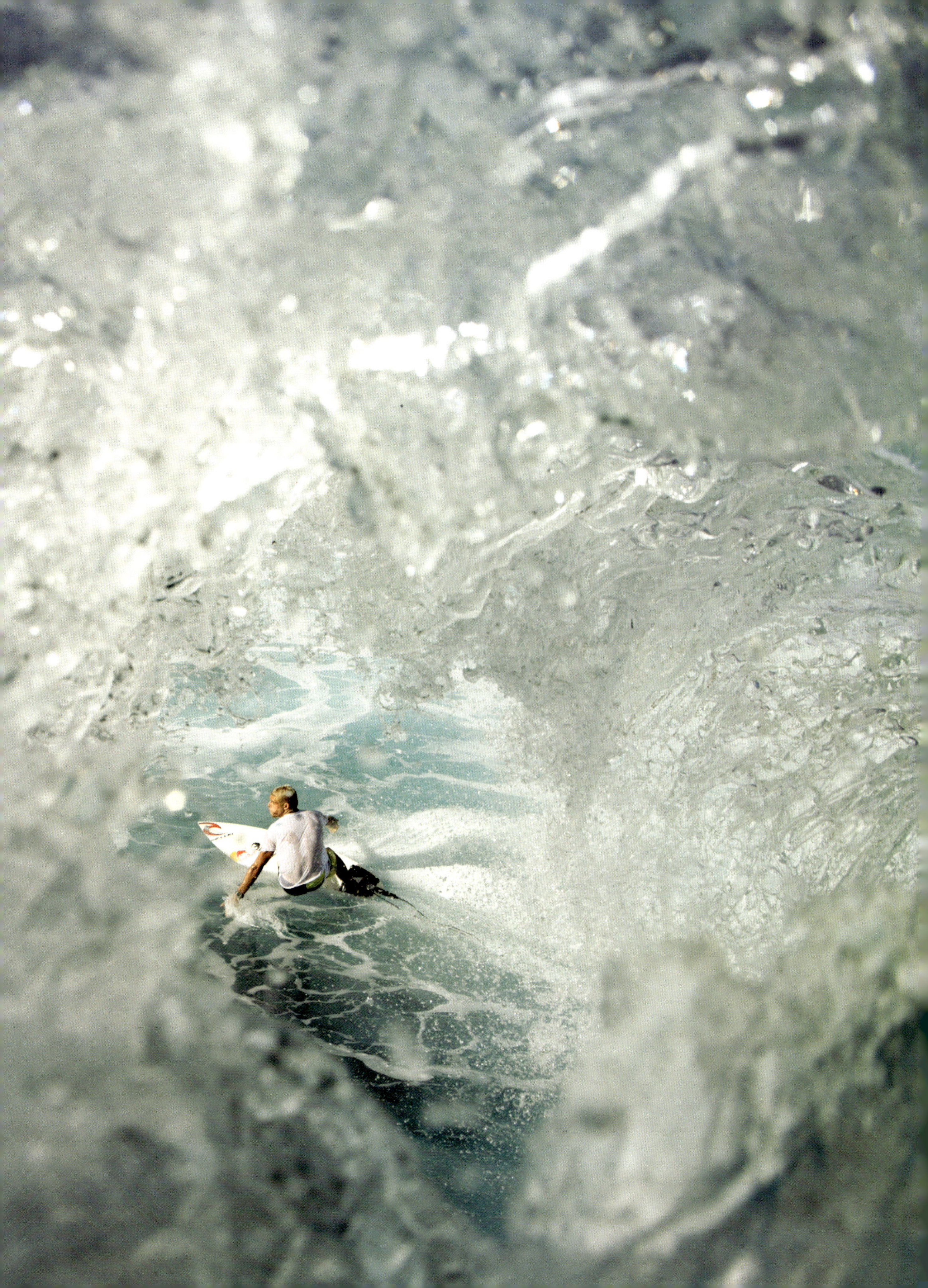

MISSÃO CUMPRIDA
Fui muito bem durante a segunda metade do ano de 2002. Fiz uma final no Brasil e outra em Pipeline, que foi um ponto alto, e terminei em quinto em meu ano inaugural no WCT. Andy Irons conquistou seu primeiro título mundial e eu estava morando com ele no Havaí, então foi bacana vivenciar sua vitória de perto. Foi uma energia boa de se acompanhar e um verdadeiro aprendizado observar quão focado e seguro do seu surfe Andy estava.

Mesmo tendo terminado entre os cinco primeiros do ranking mundial, eu não sentia que aquele tinha sido meu melhor ano. Tive três ou quatro resultados sólidos, mas o restante foram apenas nonos e décimos sétimos lugares; nunca cheguei a disputar o título mundial. O que eu tinha desejado era ficar entre os top dezesseis e não terminar em último em nenhum evento. Desejei também me qualificar sem ter que voltar para o WQS e estava muito feliz por ter atingido essas metas.

MINHA MÃE É TUDO
Agora que eu tinha chegado ao WCT, não tinha mais volta; surfar tinha se tornado minha carreira e, de alguma maneira, eu tinha que encarar como um trabalho. Mas eu só tinha 20 anos e não sabia como lidar com negócios, muito menos fazer uma declaração de imposto de renda. De repente, tive que consultar um contador e começar a guardar recibos. Eu pensei: "Não posso só ir surfar e ter alguém para cuidar dessas coisas para mim?". Para a minha sorte, minha mãe estava sempre lá para me ajudar a lidar com as questões financeiras e, eventualmente, acabei pedindo para ela gerenciar minha carreira em período integral. E acho que foi uma boa decisão. Ela trabalhou tanto para nos sustentar por todos aqueles anos. Agora tento premiá-la com uma viagem internacional pelo menos uma vez por ano, e ela adora.

Minha mãe mudou muito, ela trabalhou em grandes hospitais como diretora da enfermagem. Chegou a cargos bem altos em toda a região sudeste de Queensland. Ela tem uma cabeça muito esperta para negócios. Algumas vezes, as pessoas podem subestimá-la por ser uma mulher na indústria do surfe e não um gerente de esporte de carreira. Houve momentos em que tentaram tirar vantagem dela, mas logo perceberam que isso não era uma boa ideia.

Não há nada melhor que voltar para casa, surfar em D-bah e poder mandar alguns aéreos sabendo que não se tem compromisso algum. (Foto: Simon Williams)

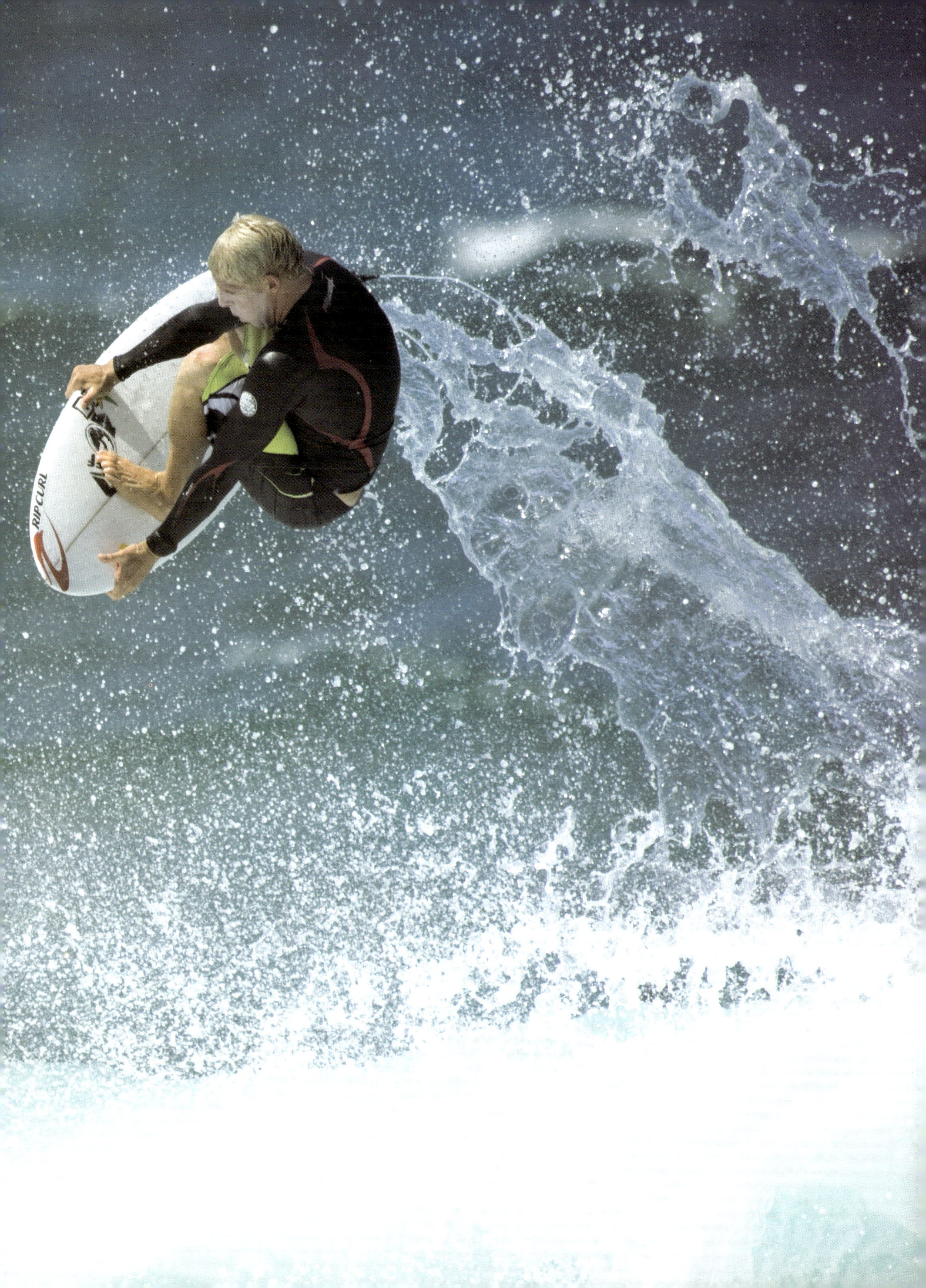
RIPCURL

Kelly Slater e Andy Irons, uma rivalidade famosa. Acima: O momento em que Kelly entrou na casa da Red Bull no Havaí, às vésperas do grande duelo final pelo título mundial em Pipeline, em 2003. A expressão do Andy diz tudo: "O que é que esse cara está fazendo na minha casa?". (Foto: Steve Sherman). *Na página seguinte: Foi Andy quem riu por último. Ele estava todo sorridente depois de vencer o mundial. Foi a única vez em que vi Kelly um pouco envergonhado.* (Foto: Joli)

DUELO EM PIPELINE

Em 2003 tive meu ano mais consistente até aquele momento. Tirei vários terceiros lugares, mas era o mais longe que conseguia chegar. Foi legal – não entrei na disputa pelo título –, terminei o circuito em quarto lugar, uma posição acima em relação ao ano anterior. Estava feliz com meu surfe e aprendia o tempo todo.

Kelly e Andy Irons fizeram o grande duelo pelo título mundial em Pipeline naquele ano. Eles dispararam muito rápido – Andy ganhou cinco eventos e Kelly, quatro, então ninguém chegou nem perto. Foi fascinante assistir à corrida pelo título mundial, que culminou naqueles dois eventos finais. Era como ter um assento ao lado do ringue na luta pelo título mundial dos pesos-pesados.

É bastante difícil quando se tem um objetivo tão claro estabelecido, porque acaba expondo a pessoa a uma série de decepções e mágoas, se as coisas não derem tão certo. Mas ainda assim é melhor do que se arrepender por não ter dado o máximo de si. Houve palavras trocadas entre eles enquanto surfavam em Pipe, mas tudo na boa, coisas da competitividade. Foi bom para o surfe profissional. Todo mundo só falava do duelo e de qual seria o resultado. Para mim foi a chance de experimentar a intensidade de uma campanha pelo título mundial. Andy estava invencível nas águas da sua casa, e ele ganhou o Pipe Masters, a Triple Crown e o título mundial de novo.

Kelly e Andy tinham se tornado os surfistas mais importantes da era moderna e foi muito interessante poder ver de perto como eles atuavam. Se você observa caras como Andy e Kelly, nota que, quando estão longe dos eventos, eles desligam e param completamente de pensar sobre o assunto. Eu penso que foi isso que preservou o Kelly por tanto tempo e que manteve o Andy durante seus três títulos mundiais. Eles sabem como ligar o botão no modo competição e depois desligá-lo a fim de recarregar suas baterias. E isso era algo com que eu definitivamente tinha dificuldades de lidar quando cheguei pela primeira vez ao WCT, principalmente com os longos períodos de espera. Quando o evento começava, eu queria que fosse direto até o final, mas não é assim que funciona. Você talvez surfe no primeiro dia e não surfe por até uma semana, e ainda tenha de ficar de prontidão durante esse período. Eu tinha altos e baixos, como um ioiô, e ao final do evento estava exausto. Era uma lição que eu teria que aprender no meu próprio tempo; entretanto, nunca poderia ter imaginado que esse seria um aprendizado tão difícil.

UM BREVE GUIA DO CIRCUITO DOS SONHOS

Vamos para lugares incríveis durante o Circuito dos Sonhos. Esses são alguns dos meus favoritos.

GOLD COAST

Por motivos óbvios, Goldy é minha casa, onde me sinto mais confortável. O campeonato normalmente acontece em Snapper, e cada um parece surfar ali de uma forma diferente. Eu gosto de ficar bem próximo de onde a onda joga o lip e, na verdade, procuro pelas ondas que encavalam uma na outra. Elas são muito mais verticais e você consegue ir direto para cima e para baixo. Por sua vez, alguém como Joel procura pelas ondas maiores com faces bem abertas para poder alongar mais as manobras. Deano persegue as próximas das pedras na maioria do tempo – ele gosta das que crescem mais adiante praia abaixo, acompanhando o point. Não existe maneira certa ou errada, e nós três já vencemos o evento, mas um pouco de conhecimento local com certeza ajuda.

BELLS BEACH

O anfiteatro natural de Bells sempre me deixa estimulado e me faz sentir como eu imagino ser sair de um túnel e cair direto em um campo de futebol australiano. E também a combinação dos elementos faz que o evento se torne ainda mais difícil de se ganhar. Parece que é preciso até mesmo diminuir a velocidade do seu surfe um pouco. Não dá para subir direto da base para o lip da onda. Ela não tem uma base muito definida, parece mais um declive; então, a tendência natural é abrir muito mais as curvas. Esse tipo de onda demanda muito do surfista. É mentalmente difícil

Acima: Vista do canal em Teahupo'o, mirando a praia – um dos lugares mais belos do planeta. (Foto: Joli)

porque é necessário surfar de três maneiras diferentes em uma onda só. Lá no fundo, você começa indo bem rápido e fazendo rasgadas bem abertas na face. Depois você passa a fazer o Huntington Hop, forçando para atravessar o inside, e termina no quebra-coco, que tem muito backwash. É uma onda cheia de truques.

TAITI

Céu e inferno. A água é incrivelmente azul, mas, quando fica grande, muda para o preto. No Taiti costumo ficar em um bangalô praticamente em cima da água. Se há uma ondulação, a água espirra na porta da frente. Demora cinco segundos para sair do quarto e pular direto numa moto aquática ou num barco. Dali, são cerca de 15 minutos para chegar a Teahupo'o. Se o evento estiver acontecendo, o canal fica um caos: barcos de todos os tamanhos e formas dando trombadas uns nos outros, lotados de competidores e locais. Quando você se posiciona e a onda vem chegando, é fácil perceber. O canal inteiro, às vezes com cerca de mil a 1.500 pessoas, começa a gritar e uivar. O cenário é de deixar qualquer um de queixo caído – montanhas de cor verde exuberante saindo de uma lagoa azul. É sem dúvida um dos lugares mais incríveis do planeta.

JEFFREYS BAY, ÁFRICA DO SUL

Não sei muito bem por que, mas os eventos de J-Bay parecem ter sido organizados por mães. Desde a primeira vez que fui para lá, a licenciada original da Billabong, Cheron Kraak, fez que eu e todos os outros competidores nos sentíssemos totalmente em casa. Cheron é um tipo de prefeita não

Acostumando-me aos contornos do tubo em Teahupo'o, em 2007, quando passei algumas semanas no Taiti, preparando-me para o evento. (Foto: Jon Frank)

oficial de J-Bay, e por isso todas as senhoras que trabalham nas casas que alugamos me lembram de como é estar em casa com minha mãe. Na casa onde ficamos, Salomé e sua filha Marissa cuidavam da gente. Realmente se pode sentir a energia acolhedora do lugar. Há também um cheiro especial de aloe vera no ar. J-Bay é uma das ondas mais rápidas do planeta. Normalmente leva uns dois dias para você se acostumar com a velocidade da onda. No começo, eu ficava só apostando corrida com a linha da própria onda, até perceber que não tinha feito nada demais. O truque para surfar J-Bay é preparar sua manobra no alto da onda a partir de uma cavada forte com boa projeção. À medida que contorna as seções, você tem uma fração de segundo para escolher uma manobra e acertar o pé. Os caras que adoro ver surfarem lá são Occy, Taylor Knox e Parko. Eles têm um estilo de surfe que eu realmente respeito.

TRESTLES, EUA

Os Estados Unidos são um país enorme. Tudo ali é grande: carros, caminhões, estradas, prédios e outdoors – e eles também têm as maiores refeições do mundo. Trestles é provavelmente a onda de alta performance mais detonável do planeta. A única coisa que não existe em Trestles são tubos largos. Se você sonha com determinada manobra em uma onda, provavelmente em Trestles vai haver a sessão perfeita para você executá-la. É como treinar em uma pista de skate. Quando o campeonato acontece em Trestles, prepare-se para assistir a algumas das melhores disputas de surfe durante o ano.

HOSSEGOR, FRANÇA

Na França, se você hesitar, a onda que você queria surfar já se foi. As marés são dramáticas, vivem em mudança constante. La Gravier pode ficar como Pipeline, e tão pesada quanto. Só funciona nas marés altas e pode quebrar bem perto da praia, a poucos metros dos gritos dos fãs. A França é um lugar que pode ser seu melhor amigo ou seu pior pesadelo. Mas as ondas que quebram nas praias de fundo de areia ficam sensacionais e têm como pano de fundo florestas incríveis. É tudo tão verde. Adoro o frescor das manhãs, quando aposto corrida entre as árvores para chegar até a praia e descobrir o que o oceano me reservou. Acorde bem cedo, vá surfar, volte para um café da manhã fresquinho. Essa é a rotina que eu amo, uma vida saudável em um ambiente saudável.

HAVAÍ

No Havaí, a intensidade é sempre alta em qualquer momento da temporada de surfe, mas na época dos campeonatos ela dobra. Eu foco bastante no Havaí. Vale muito a pena passar uma temporada inteira por lá, pelo menos uma ou duas vezes na vida. Eu me lembro de quando um local me falou um dia: "Volte em fevereiro, quando não houver mais campeonatos, e você vai encontrar todo mundo". E foi o que eu fiz. É um lugar diferente. Muita gente só vai para lá porque é uma exigência dos patrocinadores; mas para mim não é assim, eu curto surfar as ondas do Havaí. Não existem muitos outros lugares em que você pode pegar ondas grandes tão consistentemente boas. Passar um tempo a mais no Havaí definitivamente foi uma das coisas mais importantes que já fiz pelo meu surfe.

A ARTE DE VIAJAR

Tente levar pouca coisa. Normalmente levo quatro ou cinco calções, cinco camisetas, três a quatro moletons e umas poucas calças jeans. Isso deve ser suficiente para a maioria das viagens sem que seja preciso usar a mesma roupa duas vezes.

Embale as pranchas com cuidado. Eu viajo com quilhas fixas, por isso é superimportante empacotá-las muito bem. Use plástico bolha ao redor das quilhas e do bico; com sorte, isso as protegerá um pouco mais.

Sempre esteja preparado para pagar excesso de bagagem. Não deve ser como um megaconfronto; tente sempre barganhar o valor, com um grande sorriso na cara. As pessoas que fazem estardalhaço nessa hora normalmente são as que acabam tendo que pagar o valor total.

Quando viajar para um país de idioma diferente, sempre tente aprender pelo menos as palavras básicas, como: por favor, obrigado, com licença, entre outras. Tente também cumprimentar as pessoas com um sorriso.

Na praia e na água, tente conhecer os locais e dê espaço para eles quando forem remar para alguma onda. Espere sua vez e permaneça alegre.

Ao visitar um país pobre, se você tiver roupas ou pranchas das quais realmente não precise, ofereça-as para os locais. Se um dia você voltar, eles cuidarão de você. A criançada adora adesivos; se você tiver alguns, ofereça-os.

Tente não viajar em grupos grandes. Não há nada mais irritante do que quando você está surfando um pico e chega uma gangue de dez caras remando.

Aproveite para absorver a cultura local e faça perguntas se não tiver certeza se algum comportamento é apropriado. Alguns lugares têm crenças nas quais você normalmente nem pensaria, bem como gestos e maneiras de se vestir.

Experimente a comida local com a mente aberta. Você pode vir a gostar realmente do sabor. Nunca se sabe.

Quando estiver longe de casa, lembre-se de que nela pouco muda, então não se apresse em voltar logo, ao primeiro sinal de saudade. Aproveite a viagem e mantenha-se seguro.

Na página anterior: *Uma pequena rasgadinha de final de tarde no Taiti. Momentos de diversão.* (Foto: Dan Warbrick/Rip Curl) Acima: *Sentado no barquinho entre sessões nas Mentawais, numa viagem da Red Bull.* (Foto: Agustin Munoz/Red Bull Photofiles)

CAPÍTULO 5

nós podemos reconstruí-lo

Mesmo sabendo que estava vivendo o meu sonho, eu começava a entender que tudo tinha seu preço. Ao entrar em 2004 eu já sabia que estava com problemas. Tinha perdido a paixão pelo surfe e me sentia cansado e desanimado. Quase não havia ficado em casa por mais de um mês em cinco anos. Tínhamos no máximo entre 10 dias e três semanas para ficar em casa entre uma temporada e outra. Não quero parecer um chorão porque tenho consciência da sorte que é poder fazer o que faço, mas tudo tinha acontecido rápido demais. Não tive a chance de parar para refletir e processar as situações pelas quais passei. Tudo acabou ficando muito estressante. Tem um monte de gente que fica falando na sua orelha, sem parar: "Se você não conseguir este ano..." ou "Você tem que ser o campeão este ano, hein? Estou apostando em você". Comecei a sentir muita pressão.

NO SUL COM MEU PAI
Eu sabia que não queria ficar parado em casa o verão todo, que precisava de uma mudança de ambiente. Então empacotei minhas coisas e disse: "Estou de saída". Convidei dois dos meus câmeras favoritos, dois dos meus melhores amigos, Shagga e Jon Frank, e rumamos para a costa sul de New South Wales. Meu pai estava vivendo por lá e eu queria muito tirar um tempo para me conectar com ele e surfar sem nenhuma pressão e sem muita gente na água. Nós ficávamos no mar o dia todo e curtíamos com meu pai nos finais de tarde. Eu ficava tão cansado de surfar tanto que caía na cama e dormia cedo. Acordávamos às cinco da manhã para checar as ondas e começávamos tudo de novo. Foi assim que voltei a sentir alegria de surfar.

Na infância, não tive a oportunidade de passar um tempo de verdade com meu pai, e isso desde quando éramos crianças bem novinhas em Coffs Harbour. Eu me dei conta de que não tinha muitas lembranças dele. Então decidi que iria me esforçar para conhecê-lo melhor. Era bem difícil quando éramos crianças porque falávamos muito pouco com ele e, em geral, apenas quando precisávamos de uma grana. Essa não é a relação ideal para um pai e um filho, então eu tomei a iniciativa.

A única outra ocasião em que realmente conversamos, foi quando Sean faleceu. Meu pai nunca foi muito do mundo do surfe, mas depois daquela temporada ele disse: "Eu finalmente me dei conta de quanto é sensacional o que você tem feito com o seu surfe e os amigos que conquistou. Estou muito orgulhoso de você". Isso é tudo que um filho quer ouvir do pai, e significou muito para mim.

Puxando para dentro do tubo em Greenbush, Mentawais. Procurando pela luz no fim do túnel enquanto a cortina se fechava. (Foto: Simon Williams)

PARALISADO

Voltei da viagem à costa sul renovado, mas meu coração ainda não estava na competição – e dava para perceber. Comecei a temporada com um 33º lugar em casa, um verdadeiro desastre. Ainda consegui um quinto lugar em Bells e um nono no Taiti, mas só cheguei a um 17º em Fiji. De repente senti que estava realmente indo ladeira abaixo. Eu nem suspeitava, naquele momento, mas a etapa de Fiji acabou sendo meu último evento por quase um ano.

O fatídico floater que destruiu meus músculos pélvicos. (Sequência: Jon Frank/Rip Curl)

A Rip Curl organizou uma viagem de barco para vários de nós, e aquela pareceu ser uma excelente oportunidade para dar um tempo, surfar e esfriar a cabeça. Eu estava superentusiasmado com a ideia de viajar de novo, mas tudo acabou desmoronando em apenas um instante.

Estávamos literalmente no meio do nada, em um barco na costa oeste ao norte de Sumatra, não muito longe de onde aconteceria o epicentro do tsunami que devastaria a região seis meses mais tarde. O recife onde surfávamos se elevaria em um metro após o terremoto.

As ondas não estavam grandes: um a dois metros apenas. Eu acompanhava a linha da onda e subi para um floater. Estava no topo da onda quando ela deu uma encavalada. Enquanto eu descia, minha rabeta desconectou da onda, meu pé traseiro escapou e eu fiz um espacate. Para piorar, a onda ainda caiu bem em cima de mim e me empurrou mais ainda, forçando o espacate contra a prancha. Os músculos isquiotibiais se descolaram totalmente do meu osso pélvico. Eu senti uma dor excruciante na minha perna, como se fosse uma câimbra muito forte. Depois disso, minha perna inteira endureceu e, se eu tentasse mexer, a situação só piorava. Foi aí que percebi que algo bem grave tinha acontecido.

Ainda tínhamos pela frente dez horas de barco, só para chegar à terra novamente. Depois disso, mais três voos para retornar à Austrália. Foi uma longa viagem para casa.

Àquela altura eu ainda não sabia direito o que tinha acontecido e achei que estaria bom para competir em Jeffreys Bay em algumas semanas. Mas assim que cheguei em casa fui me consultar com um especialista, o dr. Dave Wood, e ele me enviou direto para a mesa de cirurgia. O dr. Wood também deu a má notícia: "Você está fora da água por seis meses". Eu engoli seco e pensei: "Bem, espero receber no ano que vem a vaga de convidado do WCT, reservada para quem se machuca".

Eles me disseram que a operação não poderia ter sido mais bem-sucedida e que, depois da reabilitação completa da musculatura da perna, eu poderia surfar sem nenhum problema. O procedimento da cirurgia foi bem radical. Eles tiveram que literalmente abrir minhas nádegas, descascá-las, perfurar o osso do quadril e parafusar nele um gancho de metal. Para ter certeza de que tudo isso estava bem preso, o médico disse que me erguia da mesa de operação apenas pelo gancho. Depois eles costuraram os ligamentos da coxa ao gancho. Foi por isso que eu não conseguia nem me mexer direito nas primeiras seis a oito semanas de recuperação, pois a única coisa que estava prendendo a nova musculatura ao osso eram os pontos, até que o tecido de cicatrização começasse a crescer em volta. O gancho fica no corpo definitivamente.

Eu realmente acredito que tudo acontece por uma razão, e aquela lesão me ensinou muito sobre mim mesmo. Aprendi muita coisa sobre alimentação correta e treinamento. De uma maneira meio esquisita, acabou sendo o ano em que mais me diverti, porque não tinha mais nada para me preocupar a não ser minha recuperação. Foi uma verdadeira bênção disfarçada.

Durante esse período em que estive machucado, conheci minha futura esposa, Karissa, num dia em que eu estava dando uma volta no píer de Southport. Ou seja, a lesão me proporcionou mais uma bênção.

O TREINAMENTO CHEK

Nos primeiros estágios de recuperação da minha lesão, tive que lidar também com a depressão. Era muito difícil para uma pessoa bastante ativa, como eu, ficar parada todos os dias. O que realmente me ajudou a sair dessa foi poder voltar a me exercitar e descobrir o método de treinamento CHEK (sigla inglesa para Exercícios Corretivos de Cinesiologia Holística).

No capítulo sobre treinamento e boa forma, falo de modo mais detalhado sobre o CHEK, mas posso dizer que foi a coisa perfeita no momento certo. Aprendi tanto sobre meu corpo, sobre minha alimentação e sobre mim mesmo naquela época que hoje posso sinceramente dizer que se eu não tivesse sofrido aquele acidente, talvez nunca tivesse conquistado o título mundial.

Trabalhamos muito no fortalecimento da musculatura abdominal, e aprendi a usar vários tipos de equipamento de ginástica específicos para o abdômen. A grande bola inflável, conhecida como bola de exercício, tornou-se o ponto forte do meu treinamento, e hoje raramente viajo sem levar uma comigo. No início, eu mal conseguia me manter em equilíbrio em cima de uma bola, porque tinha pouquíssima força e estabilidade abdominal; mas com o tempo fui melhorando. Mais adiante consegui me manter em equilíbrio em pé em cima de uma bola, recebendo e devolvendo outra bola menor ao mesmo tempo, sem perder o equilíbrio. Vi esquiadores que conseguiam pular de uma bola para outra sem cair. É impressionante até onde podemos ir.

No começo, meu quadril estava muito preso, e eu ficava muito dolorido depois do treino, por isso tive que começar devagar. Foi um processo longo. Eu sabia que teria de ser paciente e não poderia exagerar. Minha treinadora, Jan Carton, me ensinou também muita coisa sobre alimentação e nutrição, o que me ajudou muito. A visão holística do CHEK sobre saúde e boa forma engloba tudo: treinamento, alimentação, sono e psicologia. A princípio, eu só me interessava pela parte física do treinamento; só mais tarde comecei a entender os benefícios do programa completo.

Na academia com minha treinadora de CHEK, Jan Carton, endireitando minha coluna. (Foto: Ted Grambeau)

A PRIMEIRA SURFADA

A lesão aconteceu em junho de 2004 e não voltei a surfar até novembro, cinco meses mais tarde. Nem encostei no mar por uns dois meses. A primeira vez que eu caminhei de novo na areia da praia e coloquei um dedo na água senti aquela energia extra, uma energia limpa que tomou conta de mim. Não acho que a gente saiba apreciar completamente o que recebemos do surfe e do oceano até que eles sejam retirados de nós.

Lembro claramente desse meu primeiro dia de surfe depois do acidente. Peguei emprestado um minilongboard de um amigo. Era um dia de ondas pequenas, meio metrinho apenas, mas eu estava apavorado. Até que gostei de ter essa sensação de medo de novo, porque me impediu de ser atirado demais. Eu surfava junto do muro de Duranbah e estava muito preocupado sobre como minha perna se comportaria, mas mesmo assim peguei a ondinha, levantei e pensei: "Eu me lembro disso". Curti a onda tranquilo e saí dela com bastante cuidado.

Na onda seguinte, fiz um cutback curto e bem suave. Não conseguia fazer a cavada, mas fui executando esses pequenos cutbacks. A cada dia que eu surfava ia ficando melhor e melhor. Estava tão entusiasmado que minha vontade era ficar na água o dia inteiro, mas eu sabia que minha perna se cansaria, então tive que me conter. Minha perna sempre ficava um pouco travada e dolorida depois, assim como após os treinos, e por isso eu não podia me afobar. Mas, daquele primeiro dia em diante, eu me senti como um garoto de novo e saía para surfar todos os dias de manhã. Nada podia me impedir.

RETORNANDO AO HAVAÍ

Assim que minha perna ficou boa, eu sabia exatamente aonde queria ir para testá-la. Fui diretamente de volta para o Havaí em fevereiro, apenas para surfar antes do primeiro evento do WCT no ano, e me senti muito bem. Com todo o treinamento que vinha fazendo e minha nova dieta alimentar, eu me sentia mais em forma e mais forte do que em toda a minha vida. Além disso, eu me sentia extremamente grato por ter a sorte de surfar de novo. Toda vez que saía do mar, eu tinha um sorriso no rosto.

Eu sentia meu surfe definitivamente mais forte por causa de todo o trabalho feito com minha musculatura abdominal. Tinha a sensação de que podia manter uma rasgada por muito mais tempo. E meu nível de energia estava muito mais elevado do que costumava ser. Antes eu entrava em estágio de fadiga bem mais rápido, mas agora eu sentia que podia surfar o dia todo, remar por quilômetros, levantar no dia seguinte e fazer tudo de novo sem problemas.

O Havaí era o lugar perfeito para testar minha perna depois da cirurgia e de todo o treinamento. Na página seguinte: Forçando a perna em ondas pequenas em Off the Wall, 2005, e gostando dos resultados. (Fotos: Joli)

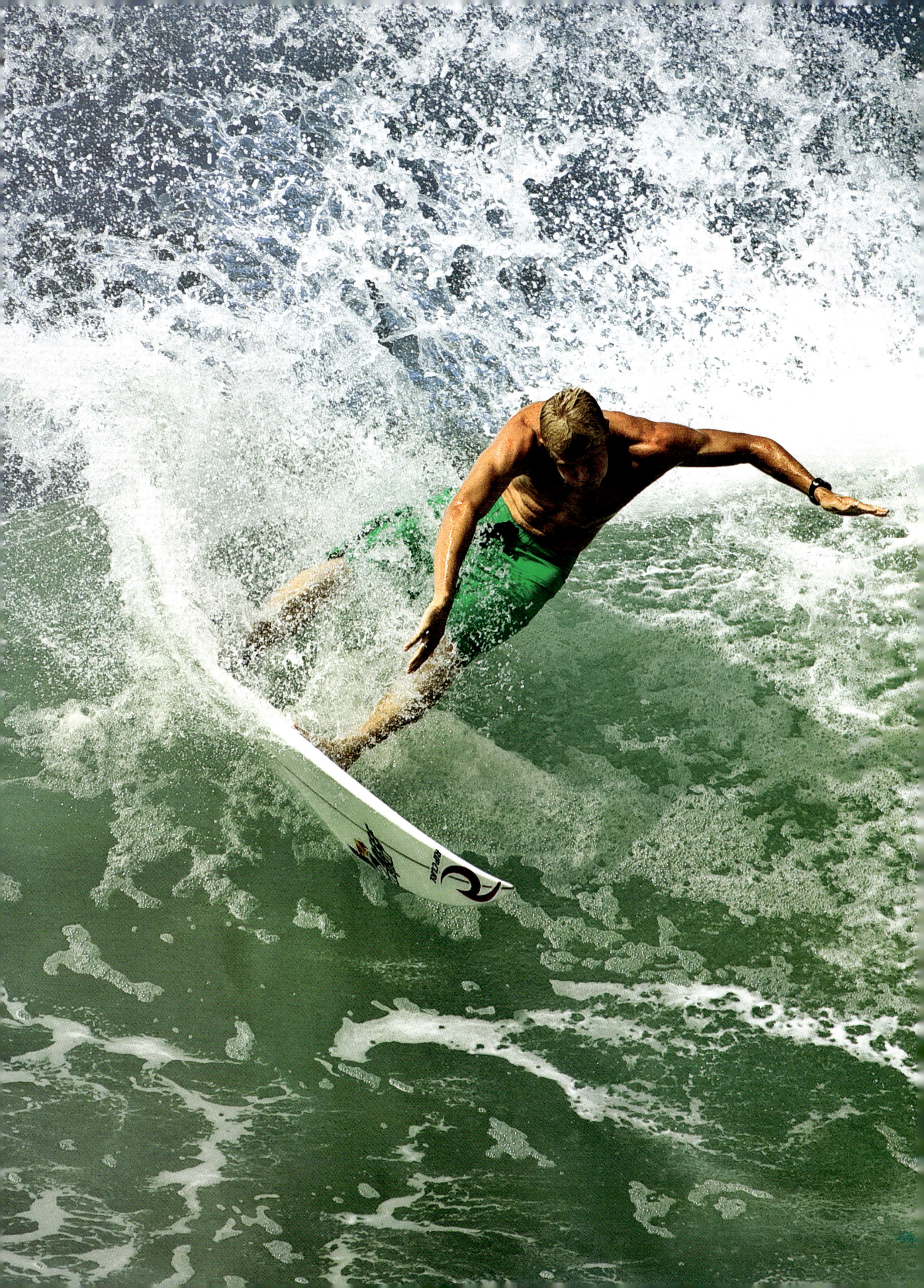

BEM-VINDO DE VOLTA

Quando o Quiksilver Pro começou em Snapper, em março, eu estava me sentindo muito bem e superfocado. Tinha uma bateria com o Sunny Garcia no round três – e toda bateria com Sunny é um verdadeiro confronto. As ondas não estavam épicas, mas, quando saí de uma delas, me vi remando de volta bem ao lado dele. Sunny disse: "Bem-vindo de volta". Ele normalmente é um competidor feroz e ouvir essa frase me deu a sensação de que meu retorno estava de fato completo.

Foi um evento incrível. Ganhei todas as baterias de uma maneira limpa e clara, com exceção da quarta de final apertada com o Andy Irons. As ondas estavam pequenas na final contra Chris Ward, mas naquele momento eu senti que estava mesmo arrasando e nada poderia me segurar. É difícil descrever o que senti quando venci. Tinha entrado na etapa apenas querendo saber se ainda estava em condições de ser competitivo. Então, terminar como vencedor no meu primeiro campeonato após nove meses – cinco deles fora da água – foi uma sensação incrível. Acho que de alívio mais do qualquer outra coisa. Um grande peso saiu dos meus ombros. Todo o trabalho duro se pagou naquele momento.

HAVAÍ 2005

Tendo em vista tudo o que ocorrera, eu me sentia bem contente de estar de volta ao Tour e surfar num nível que me deixava feliz. Conquistei mais uma vitória no evento Rip Curl Search, em Reunion Island, numa esquerda magnífica chamada Saint Leu. Eu estivera neste mesmo lugar seis anos antes e, assim que descobri que a etapa seria lá, comecei a assistir a vídeos antigos como *Pump* e outros, que mostravam Reunion. Visualizei muito a onda e quando cheguei lá pude curtir, sentir que a tinha entendido. Até que vi Trent Munro surfar e atacar a onda como ninguém. Ele surfa muito bem de backside e pensei comigo: "É assim que vou tentar surfar essa onda" – a cavada segurando a borda com a mão e projetando com tudo no lip. Senti que havia sido o melhor surfe de backside que eu já tinha feito e parecia que podia pegar as melhores ondas, assim como em Snapper. Tudo se encaixou muito bem.

Mas Kelly Slater e Andy Irons também estavam com tudo em busca do título, e era quase impossível para qualquer um se aproximar deles. Kelly garantiu o título no Brasil, então eu me concentrei em fazer uma boa participação no Havaí e terminar o ano bem colocado.

Fui para o Havaí confiante por ter passado aquele período ali no começo do ano. Terminei conquistando um segundo lugar no campeonato de Haleiwa, não fui muito bem nas ondas de Sunset, mas cheguei à final em Pipeline. Um pouco antes da final, o diretor da Triple Crown, Randy Rarick, avisou a mim e ao Andy que aquele que terminasse com a pontuação mais alta seria o campeão.

Fiquei motivado e marquei sete pontos na primeira onda que peguei. Em seguida, o vento maral entrou e de repente senti que aquela onda estava valendo bastante. Todo mundo já estava pensando que a partir daquele momento não entrariam outras ondas boas. Então Andy desceu, remou naquela coisa e conseguiu um 10. Foi isso.

Andy acabou vencendo em Pipeline e conquistou novamente a Triple Crown, mas eu estava satisfeito por ter chegado tão perto.

Ter ficado aquele tempo fora do Tour colocou tudo em perspectiva. Até aquele ponto eu não tinha dado o verdadeiro valor, mas agora sabia que não seria mais assim.

Quando vi de perto a devastação causada pelo tsunami, percebi que não havia absolutamente nada do que reclamar. Aquela lesão tinha sido outro sinal de alerta para quão rápido as coisas boas podem ser tiradas da nossa vida, e eu estava determinado a não perder nenhum momento.

Na página anterior: *Erguido pela multidão na praia de Snapper, depois de vencer o Quiksilver Pro.* Acima: *Recebendo um 10 perfeito em Backdoor, durante o Pipeline Masters, e sentindo que tudo finalmente se colocava no devido lugar. Quando a série entrou, eu e Jamie Sterling dividimos o pico. Eu tirei um 10 e ele, um 9.* (Fotos: Joli)

DICAS DO MICK: AVANÇADO

Gosto de verdade de observar outros surfistas e admirar como eles completam aéreos espetaculares, entubam fundo ou exibem manobras que estão num patamar acima dos demais. Adoro ver a garotada executando todas as manobras novas. Ainda que eu provavelmente nunca vá fazer uma manobra como um rodeo flip, fico maravilhado e inspirado com o que eles estão fazendo.

Quando eu era criança, costumava ver vídeos de surfe o tempo todo, especialmente antes de sessões de surfe. Eu via algo que me impressionava e ia surfar para tentar imitar. A maior ajuda quando você estiver tentando elevar seu surfe ao próximo patamar é ver muitas filmagens do seu próprio surfe, e, depois, de surfistas mais avançados que você gostaria de seguir. Por exemplo, eu posso filmar meu cutback e depois observar o cutback do Taylor Knox para analisar a maneira como ele mantém a curva desde o topo da onda até a base, e continuando a volta até bater no lip atrás dele. Estudo onde ele coloca os braços e onde começa a curva. Esse tipo de comparação de vídeos são uma grande ajuda. Nós fizemos algumas análises numa viagem da Red Bull para as Mentawais, onde pudemos sobrepor as filmagens de diferentes surfistas e comparar suas manobras. Foi muito útil perceber as pequenas diferenças de técnica. Sofia Mulanovich e Sally Fitzgibbon estavam estudando como entubavam e vendo como podiam virar os pés um pouco mais. Pequenos ajustes como esses podem fazer uma enorme diferença.

Pode ser bem difícil fazer todos esses acertos quando se está no mar surfando, porque tudo acontece muito rápido, mas pela repetição você pode conseguir.

Estou sempre aprendendo coisas novas – a gente nunca para de aprender. Se estou indo para o Taiti ou para Pipe, vejo filmagens do Bruce, do Andy Irons e do Jamie O'Brien, e observo como eles surfam os tubos.

Aprender a *sensação* de uma manobra é uma coisa importante para que seu corpo se acostume aos movimentos envolvidos. Quando estiver tentando algo novo, faça da maneira que você acha que deve ser feito, tendo em mente uma visão clara da manobra. Se cair, não se preocupe. Reme de volta e tente de novo. Mas, antes disso, pense onde você errou e lembre-se da sensação momentos antes de você cair. Então visualize como você pode fazer a manobra da próxima vez e aja de acordo.

Participar do Projeto Air Red Bull, um campo de treinamento em Lennox Head, em 2010, foi muito legal. A Red Bull construiu uma enorme rampa de skate para que pudéssemos nos acostumar à sensação de voar e melhorar nosso repertório de aéreos. Gostaria de ser um skatista melhor, mas foi muito divertido. (Foto: Mark Watson/Red Bull Photofiles)

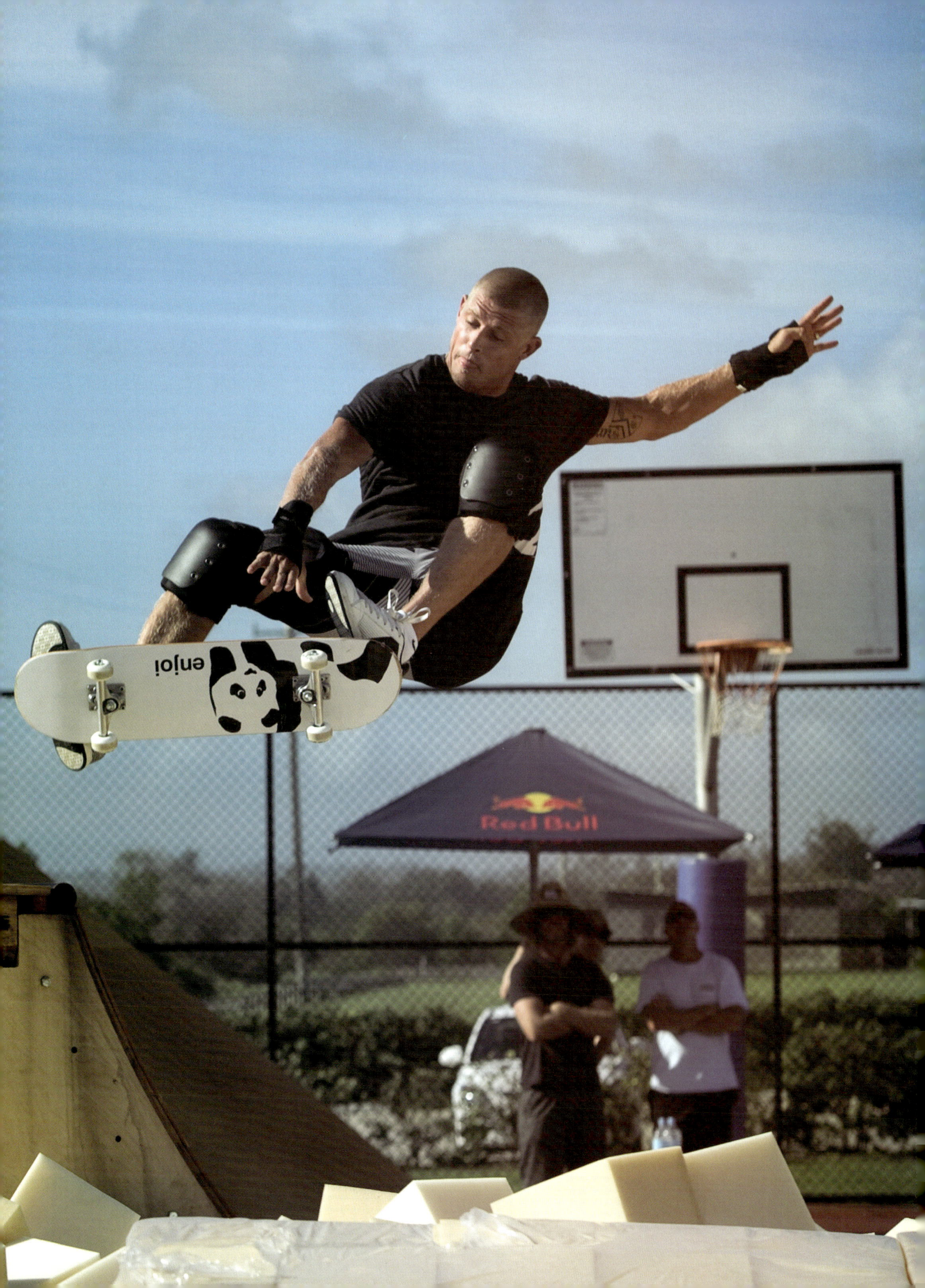
enjoi
Red Bull

COMO ENTUBAR

Entubar é definitivamente uma das sensações insuperáveis do surfe. Quando criança, eu costumava entrar nessas situações, desesperar e pular fora. Com o passar dos anos você aprende que geralmente tem uma saída até do tubo mais profundo.

1) Estou no início da onda, acumulando velocidade e me dou conta de que preciso acelerar imediatamente. 2) Estou começando a encaixar minha trajetória e tentando manter a velocidade, ficando bem de pé e deixando a prancha correr. 3-6) A onda perdeu velocidade, então enfio minha mão na água para desacelerar, ficando o mais profundo que posso no tubo. 7) A onda está começando a correr novamente, então eu reajusto minha trajetória e negocio a passagem pela próxima seção. Sigo uma linha um pouco mais alta para gerar velocidade. Entubar requer muitos desses pequenos ajustes. 8-10) Tenho que varar através de um pouco de espuma caindo,

(Sequência: Brian Bielmann/Red Bull Photofiles)

que chamamos candelabro. 10) Estou em cima da bola de espuma e consigo manter minha trajetória. Às vezes você não consegue enxergar fora do tubo, mas, se mantiver sua linha e a borda do lado dos dedos bem posicionadas, você ainda poderá sentir a onda e o que é preciso fazer. 11) Desapareço em outra seção, mas tenho tanta velocidade que só preciso manter minha trajetória. 12) Tenho que optar por uma linha bem alta na onda, pois eu estava sendo sugado para o alto. A gente segue tão rápido que, quando passa por cima da bola de espuma, a turbulência dentro do tubo tende a empurrar para cima. Você tem que se posicionar sobre seu pé da frente para conseguir sair. Fique firme e se prepare para as marolas da turbulência. Eu tenho a tendência de me adiantar na prancha em ondas como esta, para manter a aceleração.

CAPÍTULO 6
pronto para vencer

Logo no começo de 2006 pensei: "Este vai ser o ano em que vou disputar o título". Eu estava em forma e forte; minha perna estava ótima; meu surfe, afiado; e tinha aprendido muito sobre mim mesmo e sobre como competir. Mas ao descobrir tudo isso eu me esquecera de um ingrediente importante: a diversão.

Eu estava tão decidido a obter o sucesso em 2006 que passei a levar as coisas a sério demais. Sentia muita tensão, e meu surfe sofreu como resultado disso. Comecei com um 17º lugar em casa, perdendo para Pancho Sullivan num dia pequeno em D-bay – condições que deveriam favorecer muito mais a mim do que a um grandalhão como o Pancho. Arranquei um 5º lugar em Bells, que foi seguido por um 33º no Taiti e um 9º em Fiji. Sentia-me extremamente ansioso no momento em que chegamos ao México para o evento Rip Curl Search. Eu não sabia direito para onde íamos, mas quando vi quão perfeitas eram as ondas, pensei: "Este finalmente vai ser o lugar onde vou conseguir um bom resultado e virar o jogo".

Mas simplesmente não aconteceu. Voltei para casa com outro 17º lugar. Eu estava encarando a minha pior temporada no Tour. Tinha ficado complicado disputar o título.

Achei que tinha me recuperado totalmente da lesão na perna, mas não me dei conta de que inconscientemente ainda estava cuidando dela, surfando de uma maneira que não lhe impunha nenhuma força ou pressão. Então decidi que já estava fora da corrida pelo título, e resolvi só curtir meu surfe de novo, relaxar das preocupações e ver onde isso ia dar.

J-BAY DESENCANADO

No voo para a África do Sul, escrevi uma lista de todas as coisas que eu poderia mudar em relação ao meu surfe e o que eu deveria estar fazendo. Resolvi que, dali em diante, toda vez que eu me deparasse com uma grande seção à minha frente na onda, não me importaria com o que acontecesse: iria atacá-la da maneira mais agressiva possível. Foi assim que passei a surfar. Toda vez que surfava J-Bay, tentava fazer manobras sensacionais e diferentes. Meu surfe nos treinos se tornou muito mais prazeroso e divertido e isso refletiu nas minhas baterias.

As ondas não estavam lá essas coisas durante a maior parte do evento, mas terminou com ondas muito boas, de um metro e meio a dois. Tivemos que surfar quatro vezes no dia da final. Foi aí que percebi que minha forma física estava me dando uma boa vantagem. Acabei eliminando o Kelly na semifinal e o Taj na final – eu realmente mereci. E isso deu início a uma fase positiva que estiquei até o ano seguinte. Finalmente senti que tinha encontrado minha consistência e uma rotina que realmente funcionava. Mais importante ainda era ter encontrado maneiras de manter meu surfe atualizado e agradável; essa era a verdadeira combinação mágica.

Terminei o ano sólido em terceiro lugar no ranking. Ganhei uma etapa no Brasil e não tive nenhum resultado abaixo de quartas de final na segunda metade do ano. Entrei em 2007 totalmente confiante.

Página anterior: Relaxando no Taiti e sentindo os benefícios do meu treinamento. (Foto: Jon Frank)
Acima: Ganhando a etapa de J-Bay pela segunda vez, em 2006. Toda esta garotada local era bacana demais. Eles ficavam em volta, assistiam a todo o campeonato e surfavam um pico chamado Kitchen Windows. Eles nos fazem sentir muito bem-vindos. (Foto: Joli)

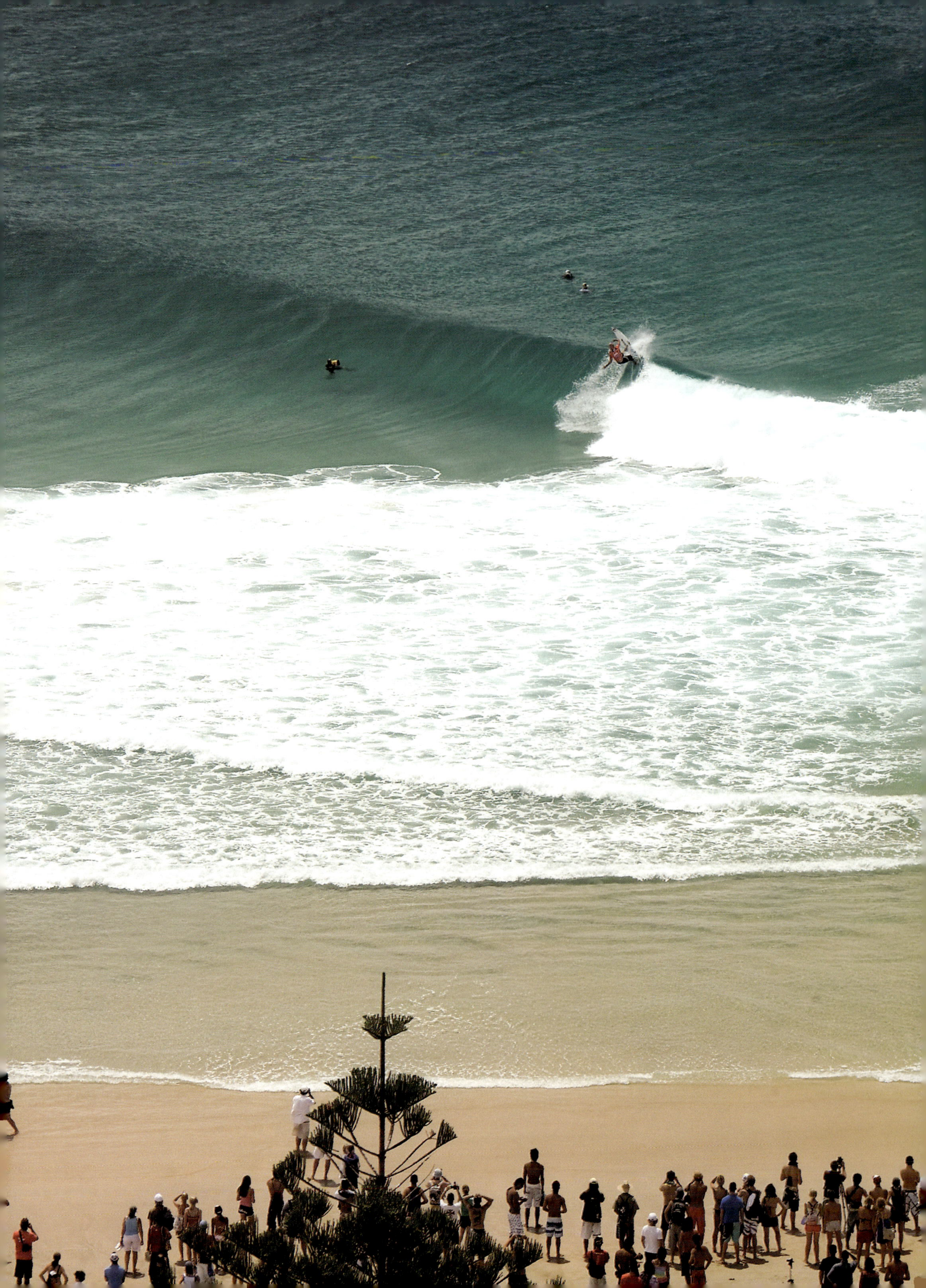

NO RITMO EM 2007

Enquanto estava voando do Havaí de volta para casa, notei que a cada ano de competição no WCT eu tinha subido uma posição no ranking – de quinto para quarto e, depois da lesão, terceiro. Como eu tinha terminado em terceiro de novo, decidi naquele momento que na próxima vez pularia o segundo e partiria direto para o título, o primeiro lugar. Por alguma razão, eu tinha essa autoconfiança e apostei nisso.

Forças meio sobrenaturais pareciam agir na segunda metade de 2006 e durante todo o ano de 2007. Não importava o que tinha acontecido comigo antes de chegar à praia; assim que colocava meus fones de ouvido e começava a me alongar, eu entrava em uma espécie de transe e sabia que tudo estava certo.

Antes de cada bateria eu escutava sempre as oito primeiras músicas do álbum *10.000 Days* dos Tool's, para minha rotina de aquecimento. As duas primeiras são músicas que aceleram os batimentos cardíacos. Depois eu continuava o alongamento durante as músicas três e quatro; pegava minha prancha e passava parafina durante a música cinco, pulava a seis, observava as ondas e alongava durante as músicas sete e oito. Se eu começasse o processo duas baterias antes da minha, me sobrava em média 13 minutos antes do início da minha bateria. A partir daí era hora de colocar minha camiseta de competição, caminhar praia abaixo, sentar e ter um momento final de meditação... e depois ir para o trabalho. Toda essa rotina era o que me levava ao transe. Sentia como se houvesse um campo de força em volta de mim, de modo que as pessoas me deixavam em paz.

Outra coisa que estava funcionando muito bem para mim era a visualização. Eu descobri que era capaz de me sentar na praia, observar as ondas, mentalizar e visualizar a mim mesmo surfando-as – quase dava a impressão de que eu já tinha surfado aquela bateria. Então eu só tinha que tornar isso realidade. Meus músculos já estavam acionados e aquecidos, e parecia que eles sabiam exatamente o que tinha que ser feito.

SNAPPER

Já tinha esse esquema funcionando quando fui para o primeiro evento de 2007. O ingrediente final eram as ondas propriamente ditas e, quando elas vinham para a festa, eu sentia que tudo ia dar certo para mim. Tivemos ondas incríveis no Quiksilver Pro em Snapper naquele ano, e aconteceram algumas baterias épicas. Tive uma emocionante quarta de final contra Josh Kerr em ondas de dois metros, com formação perfeita vindo de trás das pedras, e nós dois conseguimos várias ondas com notas acima de 9. No primeiro momento, ele tinha me colocado em combinação, e num espaço de dois minutos eu consegui dois noves altos e o coloquei em combinação.

Bede Durbidge e eu nos encontramos no final e acho que já tínhamos atingido o pico de performance nas nossas semis e quartas de final. A sensação foi um pouco de anticlímax, mas ganhei do mesmo jeito e me senti no topo do mundo. Esse foi um dos meus pontos altos na temporada de 2007.

TAITI

O Taiti era definitivamente o lugar onde eu sabia que precisava trabalhar para melhorar. Então decidi ir pra lá algumas semanas antes que toda a galera do campeonato chegasse. Surfar Teahupo'o é uma experiência de alto nível de adrenalina, sem comparação com nenhum outro lugar no mundo. Aprendi a relaxar um pouco mais, ir mais devagar no meio de toda aquela loucura. Todo o esforço se pagou quando cheguei à final em Teahupo'o, meu melhor resultado ali. Perdi para Damien Hobgood, mas eu estava contente. Foi tudo muito bom.

Página anterior: Uma boa panorâmica de Snapper durante o Quiksilver Pro, e a única vez que você verá Snapper assim, sem estar lotado de gente na água. (Foto: Joli)
Acima: Dois visuais de surfe no Taiti: uma rasgadinha divertida e botando para dentro em Teahupo'o. (Fotos: Jon Frank e Dan Warbrick/Rip Curl)

APERTANDO O BOTÃO ATUALIZAR

Tivemos um tempo para ficar em casa no meio do ano e realmente curti poder participar do campeonato anual em memória do meu irmão Sean e do Joel. Com o passar do tempo, a sensação que temos é mais de estar celebrando suas vidas do que de luto por tê-los perdido. É incrível. Todos os anos, na manhã do sábado ou do domingo, as baleias nadam bem perto da costa e nos presenteiam com um espetáculo. E todo ano, sem exceção, durante a final, há sempre golfinhos surfando com os competidores. Naquele ano em especial, 2007, havia um golfinho e uma tartaruga nadando por ali. Eu nunca tinha visto uma tartaruga na água em Snappper antes, em toda a minha vida. Era um sinal muito bacana. Estava sentado em minha prancha na água, esperando as ondas com os outros finalistas – Joel, Occy e um garoto novo, James Wood – dizendo: "Que legal que são essas aparições. A sensação é de que eles estão aqui nos avisando que estão vendo tudo".

O campeonato que fazemos em homenagem ao Sean e a Joel Green. No topo: Sempre começamos o evento com um círculo. No meio: Todos os locais na praia. Embaixo: As baleias sempre aparecem. (Fotos: Simon Williams)

78

FRANÇA

Desde o princípio já estava programado que meu técnico, Phil MacNamara, iria para a Europa, porque eu sabia que aquela era uma fase crucial do circuito, que antecedia a reta final. Era onde o título poderia ser conquistado ou perdido, e eu queria ter o Phil por perto.

Com todo o nosso time na França, tínhamos uma rotina que se chamava "bola de cristal", durante a qual checávamos todas as bancadas no local do campeonato, em todos os tipos diferentes de maré; tudo isso porque as mudanças de maré na França eram enormes. Toda vez que eu entrava no mar para uma bateria, sabia exatamente o que ia acontecer com a bancada, porque a tinha estudado e observado por horas a fio, em vários momentos do dia, em todos os estágios da maré.

Tive uma semifinal contra Troy Brooks e surfei a bateria que mais me orgulhou durante todo o evento. Na bateria anterior, Joel e Greg Emslie tinham surfado umas esquerdinhas que vinham de fora. Mas a maré estava subindo e eu sabia que as direitinhas de dentro começariam a quebrar. Fui direto para o ponto certo, esperei acontecer e, como havia previsto, as ondas vieram, ficaram boas e saí na frente na disputa com Brooko.

Entrando na final com Greg Emslie, eu estava preparado para sentar e esperar pelas minhas duas ondas certas. Bom, depois das minhas duas primeiras ondas, fiz com que ele precisasse de uma combinação de resultados; saí da água com um primeiro lugar e um pouco mais de espaço para respirar. Mas com três eventos à frente, ainda havia bastante tempo para que alguém recuperasse o território perdido.

MUNDAKA

O pessoal estava tentando me convencer de que eu poderia garantir o título em Mundaka, na Espanha, se vencesse. Mas eu estava tentando manter tudo aquilo fora da minha mente – no que dizia respeito a mim, o serviço ainda não havia terminado.

Muitas pessoas tinham me dito o quanto era difícil o evento em Mundaka, porque era preciso dirigir para a praia alternativa, chamada Bakio, que ficava a meia hora de lá, caso não houvesse ondas em Mundaka. Para mim não era complicado porque eu estava hospedado justamente em Bakio. Completar um evento inteiro em Mundaka é complicado em função das marés, e eu sabia que havia uma grande chance de boa parte das baterias serem realizadas em Bakio. E era bom estar um pouco afastado do cenário tumultuado do campeonato.

O dia da final aconteceu em Mundaka e, não sei bem por quê, quando remei para a minha semifinal contra Bobby Martinez, comecei a me sentir muito emocionado. Estava pensando em Sean e em quanto eu sentia falta dele, e quase chorei. Até hoje eu não sei por que aquela tristeza tomou conta de mim naquele momento. Fiz um grande esforço para me recompor, mas senti que não conseguia mais surfar. Minhas pernas perderam a força e comecei a cair repetidamente.

Kelly e Taj chegaram até a outra semifinal e os três concorrentes ao título mundial estavam todos bem ali. Bobby era o único que não competia pelo título, e ficou todo cheio de desculpas quando me superou na bateria: "Oh! Desculpe. Espero não ter arruinado sua campanha pelo título". Mas eu respondi: "Não se preocupe, tá tudo certo. Apenas vai lá e ganha esse troço". Só não queria que quem vencesse a outra semifinal entre Kelly e Taj saísse campeão do evento. No fim, Taj bateu Kelly na semi e Bobby bateu Taj numa final muito apertada, então deu tudo certo e ninguém avançou muito na minha liderança.

Mundaka também foi o local onde Joel caiu fora da disputa pelo título, quando Phil MacDonald o derrotou no quarto round. Houve momentos em que a corrida pelo título afetou minha amizade com Joel. Não estávamos próximos como antes nem falávamos muito um com o outro, e isso não me parecia certo. Mas eu sabia que tinha que ficar firme, continuar pressionando, focado no que estava fazendo lá. Precisava acreditar que tudo voltaria ao normal e seríamos amigos de novo, depois que tudo aquilo terminasse. Assim que Joel saiu da corrida, nossa amizade voltou ao normal e isso foi um alívio.

O visual de Mundaka, na Espanha – nem sempre acontece, mas quando quebra é uma das melhores ondas da Europa. (Foto: Joli)

BRASIL

Para me ajudar a controlar a tensão no Brasil, eu estava usando um exercício mental muito bom. Eu tinha falado com Matty Elliot, o treinador do time de rugby Penrith Panthers, que me contou que na véspera dos jogos ele se sentava quieto em um quarto por 10 minutos e projetava mentalmente todas as possibilidades do jogo prestes a acontecer. Depois imaginava o que ele queria que acontecesse e tentava manter esse pensamento. No final, ele se levantava, caminhava para fora do quarto e fechava a porta, como se estivesse deixando todas as outras possibilidades para trás. Decidi tentar fazer o mesmo para ver o que acontecia e fiquei encantado por ter feito isso, porque realmente ajudou a acalmar meus nervos e a clarear a minha mente. No Brasil meu quarto era muito pequeno, então eu me sentava no banheiro e repassava todos os "e se isso acontecer", tirava do caminho todas as dúvidas e coisas negativas que vinham à mente e ia para fora, deixando tudo para trás.

Depois de um longo ano de Tour, a corrida pelo título tinha chegado a seu momento decisivo numa quarta de final entre Taj Burrow e Tom Whittaker. Se Taj perdesse, ele estaria fora da corrida e o título seria meu. Eu estava na primeira semifinal contra Joel logo em seguida, então não dava para assistir à bateria inteira porque eu tinha que me preparar para a minha. Remei para minha semifinal sem saber o que estava acontecendo na bateria entre Taj e Tom, mas quando a buzina soou, eu ouvi o locutor dizer: "Parabéns, Tom Whittaker" e depois: "Parabéns, Mick".

Eu queria voltar para a praia para comemorar, mas ainda tinha uma semifinal para surfar. Comecei a gritar para Joel: "O que eu faço? O que eu faço?". Ele falou: "Pega sua primeira onda de pé trocado". Eu pensei: "Tá bom, isso parece ser a coisa certa a fazer". Então peguei a onda de pé trocado e Joel desceu na minha frente, na posição normal dele, e fiquei pensando: "Espere aí. Pensei que você ia também de pé trocado. Estou aqui pagando um mico e você arrepiando?". Depois daquela onda besta eu tive uma das melhores sessões, onde tudo parecia perfeito. Foi uma daquelas janelas mágicas na vida, em que tudo se encaixa. Toda vez que eu pensava em fazer uma manobra, a seção perfeita simplesmente surgia à minha frente. Prossegui vencendo a semifinal e a final, conquistando o título mundial e a vitória no campeonato, numa praia lotada no Brasil.

Foi uma loucura total após a final, nem me lembro muito bem. O mais estranho é que me lembrei da visão em que eu segurava o troféu, visão essa que durante o ano todo ficava voltando à minha cabeça. Ela ocorria antes de eventos ou baterias. Depois da conquista do título, vi um anúncio da Rip Curl com uma foto minha daquele dia, segurando o troféu, e era exatamente a imagem que eu tive na minha cabeça o ano inteiro. Foi muito estranho. Penso muito que minha confiança veio de visualizar aquele momento.

Outra coisa estranha que aconteceu foi um golfinho que ficou na água perto de mim durante minhas baterias. Ele aparecia, nadava em volta, balançava o rabo e sumia de novo. Era muito legal. Às vezes eu sentia a presença de Sean durante os eventos, mas no Brasil eu ainda não tinha sentido isso até aquele momento. Tive um sonho com ele na noite anterior, então não sei se era o espírito de Sean me mostrando que estava presente, mas a sensação foi muito especial.

Finalmente, conquistando o título mundial no Brasil. (Foto: Jon Frank) *Página seguinte: Uma emocionante festa de boas-vindas à minha casa, quando todos os meus amigos e familiares se reuniram para comemorar o título mundial.* Página seguinte, embaixo à esquerda: *Molecada do surfe local me recebendo no aeroporto.* Página seguinte, embaixo à direita: *Minha mãe surfando nos braços da multidão ao som da banda Grinspoon.* (Fotos da página seguinte: Ted Grambeau)

TRAZENDO O TÍTULO PARA CASA

Voamos para casa todos juntos e foi uma jornada épica: Florianópolis-São Paulo, São Paulo-Santiago, Santiago-Auckland, Auckland-Sidney, Sidney-Coolangatta. Cerca de 40 horas, todos acordados, quase dois dias inteiros viajando. Occy era nosso líder espiritual. Era seu último ano no circuito e ele havia sido o último australiano a ganhar o título mundial, então era muito especial tê-lo conosco naquele momento. Eu não queria fazer muito estardalhaço, mas o próprio Occy falava: "Erga esse troféu bem alto e sinta-se orgulhoso".

Eu sabia que haveria um pouco de mídia no aeroporto de Cooly, mas não tinha ideia do que realmente me esperava. Havia quase um tumulto, tinha muita gente nos esperando: crianças mostrando cartazes, toda a minha família e meus amigos, todo mundo que me apoiou durante toda a minha carreira. A polícia teve que me escoltar para atravessar a multidão e havia uma limusine esperando para nos levar para casa. Achei que íamos dar um passada no pub de Kirra para comemorar, ver alguns poucos amigos e familiares, mas quando cheguei lá, todo o estacionamento estava isolado por cercas, até pensei que o pub estava em reforma ou algo assim.

Entramos e quase todas as pessoas que eu conhecia na vida estavam lá, a maioria vestindo camisetas do título mundial e bonés feitos pela Rip Curl. Eu nem podia acreditar naquilo tudo. Estar ali, na frente de todas as pessoas que me apoiaram durante toda a minha carreira me emocionou profundamente. Chorei lágrimas de alegria.

Tinha um palco e os instrumentos de uma banda completa estavam montados, vi o técnico de guitarra do Grinspoon, Cole, um figura clássica, de barba e cabelo longo. Achei que uma das bandas locais, como a Rollerball, iria tocar. E isso já teria sido demais. Mas de repente os caras da Grinspoon apareceram e mandaram ver. Fiquei totalmente surpreso e abismado. Eu não tinha a menor ideia de que a comemoração seria assim. Karissa e meu camarada Beau Campi tinham organizado tudo, e o Grinspoon tinha voado de Sidney especialmente para a ocasião. Karissa tinha falado com o empresário deles, que respondeu dizendo que haviam acabado de começar um Tour nacional e não sabiam se iam conseguir. Então dois caras da banda que viram os e-mails responderam: "Nós iremos de um jeito ou de outro". Chegou um determinado momento em que minha mãe estava surfando nos braços da multidão, e foi aí que me dei conta de que a festa realmente tinha começado.

TREINAMENTO

TREINO CHEK

Meu quiropraxista, Chris Prosser, me introduziu no treinamento CHEK quando eu estava me recuperando da lesão no tendão da perna, em 2004, e esse programa de reabilitação foi perfeito para mim. Paul Chek é um californiano especialista em boa forma e saúde que desenvolveu seu próprio método de reabilitação e bem-estar. Ele já trabalhou com os jogadores do time de basquete masculino Chicago Bulls e com muitos outros atletas. Eu estava trabalhando com uma treinadora local de CHEK na Gold Coast, Jan Carton, que trabalhou com os jogadores do time da liga de rugby Canberra Raiders. Jan teve um papel fundamental na minha recuperação.

Primeiro, por causa da minha escoliose, começamos com o trabalho de alinhamento e alongamento da coluna para que meu corpo ficasse simétrico. Depois de ficar sentado no sofá por seis semanas, mexer o corpo novamente me fez sentir muito bem. Considerei meu treinamento como se fosse um trabalho: estava lá cinco dias por semana, de agosto a dezembro, durante o processo de reabilitação.

Foi bem difícil suar na academia, dia após dia, mas eu só pensava no que eu mais queria, que era voltar para a água. Estava lutando pela minha carreira e qualquer coisa era melhor do que ficar sentado no sofá imaginando o que me esperava no futuro. Eu sempre pensava: "Se existir uma chance qualquer de colocar meu surfe novamente de volta nos trilhos, é a isso que vou me agarrar, e estou preparado". Foi um processo longo, mas eu sabia que deveria ser paciente e não exagerar. Jan também me ensinou muito sobre nutrição e alimentação, o que me ajudou bastante.

ALIMENTAÇÃO

Jan me aconselhou a manter um diário de refeições, então passei a escrever tudo o que comia durante o dia e como eu me sentia logo após cada refeição, meia hora e algumas horas depois. Dessa maneira é possível detectar quais alimentos fazem bem a você e como você é afetado. Somos todos únicos, cada um de nós reage de forma diferente aos diferentes tipos de comida. Algumas pessoas respondem melhor a dietas ricas em proteínas, outras, às baseadas em carboidratos. Eu descobri ser do tipo misto porque meu desempenho era melhor quando consumia 70% de carboidratos e 30% de proteínas. Então, se você imaginar um prato de comida como um gráfico em forma de pizza, o meu teria sua maior porção composta por vegetais e apenas uma porção pequena de proteínas. Descobri também que meu corpo não reage bem quando como carnes vermelhas. Eu costumava comer um bife enorme nas noites que antecediam as competições e depois me perguntava por que me sentia letárgico no dia seguinte, mas isso era porque meu metabolismo gastava muita energia para quebrar as proteínas da carne vermelha. Sinto-me muito melhor comendo apenas frango e peixe, e essas passaram a ser minha fonte de proteína.

Quando estou competindo, meu café da manhã é mingau de aveia ou granola com fruta e iogurte, talvez alguns ovos mexidos se eu estiver muito faminto, e um copo de suco de laranja. No almoço como algo leve, como um prato de salada com um pouco de frango ou atum, para suprir a proteína, ou então um sanduíche de frango com salada. No jantar geralmente como salada ou legumes com frango ou peixe e talvez uma porção de massa para manter a energia durante o dia.

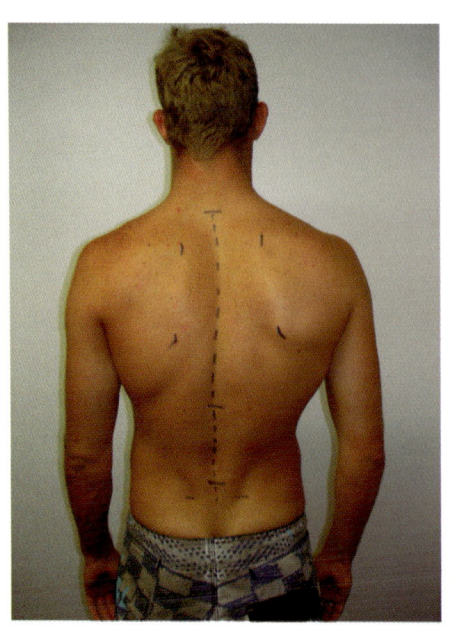

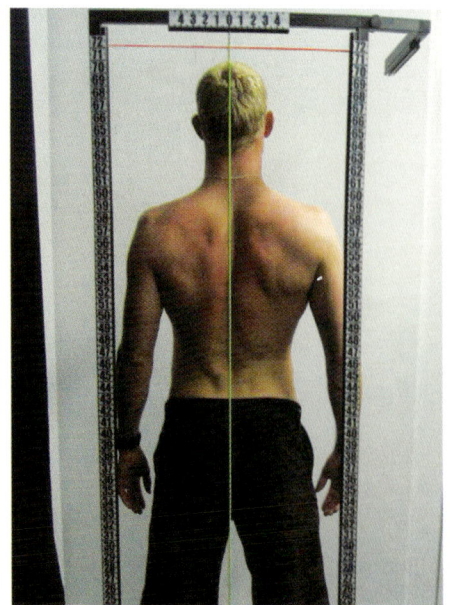

Página anterior: *Minha coluna torta por causa da escoliose e depois do treino CHEK, que me corrigiu.* Acima: *Minha treinadora CHEK, Jan, ajudando a endireitar minha coluna.* Abaixo: *Minha coluna parecendo muito mais reta enquanto remo numa onda pequena em Teahupo'o.* (Fotos: Jon Frank)

Tomo muita água, principalmente quando estou competindo, algo entre quatro e seis litros, provavelmente. Sempre tenho uma garrafa de água na mão e a carrego para toda parte o dia inteiro.

FORTALECIMENTO DA REGIÃO DO ABDÔMEN

Uma das coisas mais importantes no treinamento para o surfe é o fortalecimento da região abdominal. Essa região é o centro do seu corpo e é o que vai segurar todo o restante. Muito do treinamento que faço na academia envolve basicamente simular as viradas que normalmente faço nas ondas, mas com um peso a mais. Dessa forma consigo o fortalecimento necessário para completar as manobras com bastante força. Principalmente porque o surfe é muito específico e a água é uma superfície instável, você precisa trabalhar com outras superfícies instáveis o máximo que puder. A bola BOSU é muito boa – é como uma meia bola de exercício, com uma base reta, onde você consegue treinar seu equilíbrio. Você consegue exercitar todos os seus músculos de estabilização, seja das pernas, dos pés, dos quadris ou abdômen, quando trabalha com uma superfície instável como a meia bola.

TREINANDO PARA A LIDERANÇA NA COMPETIÇÃO

Eu modifico meu treinamento toda hora. Existem diferentes níveis de treino que dependem muito de quando você está competindo. Se você está sem competir há dois meses, precisa trabalhar com pesos mais pesados para adquirir resistência nos músculos. Depois você vai diminuindo gradualmente para exercícios de explosão com menos peso, à medida que se aproxima da data do campeonato. Duas semanas antes de competir, você se concentra em treinos com pesos e movimentos que imitam os diferentes tipos de manobras do surfe. O surfe requer movimentos muito rápidos, então você reduz o peso de novo e acelera na velocidade e na repetição dos movimentos – bang, bang, bang – quantas vezes conseguir repetir. Uso os pesos no sistema de roldanas, bolas de exercícios como a tornado ball (bola medicinal presa a uma corda) e kettle bells (pequenos pesos com uma alça no topo). Um treinador experiente pode ajudar você a desenvolver o regime de treinamento específico para sua idade, esporte e condicionamento físico.

Durante as competições, a ideia é manter seu corpo ligado. Você não tem que ir para a academia todos os dias; na verdade é muito importante não fazer exercícios demais nesse momento. Não treino no dia anterior ao que vou competir. Existem exercícios leves que você pode fazer, sem peso nenhum envolvido, só para manter tudo aquecido e ativo, como pedalar uma bicicleta estática, mas é imprescindível que até aquele momento você tenha feito todos os exercícios de peso e fortalecimento necessários.

Algumas maneiras de torturar a si mesmo. Na página anterior: Com a tornado ball na academia. (Foto: Ted Grambeau) *Acima à esquerda: Na bike nas Mentawais.* (Foto: Red Bull Photofiles) *Acima à direita: Pulos na areia no acampamento Red Bull em Lennox.* (Foto: Mark Watson/Red Bull Photofiles) *Abaixo: Jan testando meus tendões.* (Foto: Ted Grambeau)

CAPÍTULO 7
devolvendo

Página anterior: Uma sessão curta com algumas rebocadas de moto aquática em uma viagem da Red Bull para as Mentawais. (Foto: Red Bull Photofiles)
Acima: O grande dia. Karissa e eu casando em grande estilo em 2008. (Foto: Simon William)

A campanha pelo título mundial tem um preço – você precisa ser realmente egoísta. Tudo gira em função de você e de estar no estado mental certo para a próxima bateria. Eu senti que deveria retroceder um pouco e de alguma forma retribuir às pessoas que estavam mais próximas de mim em 2008, como Karissa, minha mãe, meus companheiros. Acho que isso refletiu nas minhas colocações no ranking. É muito difícil manter o foco naquele nível. Tem um tempo em que é preciso ser intenso e outro em que você precisa desligar e aproveitar a vida e a relação com as pessoas que estão mais perto. Sinto que sou muito mais relaxado comigo mesmo hoje e estou perto de encontrar esse equilíbrio.

Estava sem paciência com aquela rotina estressante em que me encontrava. Não estava confortável com todos aqueles compromissos com a mídia, que fazem parte de ser um campeão mundial, e esse foi um grande ajuste que precisei fazer. Eu só queria parar, desligar tudo e não ter que lidar com mais nada. Eu não estava mais me divertindo nos eventos. Sentia que não podia mais fazer aquilo que eu quisesse fazer, como se estivesse o tempo todo funcionando no relógio de outra pessoa. Tinha recebido e ouvido vários conselhos de muita gente sobre como lidar com o sucesso, mas eu queria descobrir do meu próprio jeito.

AMOR E CASAMENTO
Para ser honesto, em 2008 aconteceram coisas mais importantes do que campeonatos de surfe. Para começar, eu me casei e isso já é uma grande coisa. Deixei Karissa resolver todos os detalhes. Realmente é um grande dia para as mulheres e ela sabia exatamente como queria que fosse. Desejávamos fazer algo diferente, então o casamento teve um tema do século XIX. Todos se vestiram com roupas da época. Karissa é muito boa com vestidos especiais. Parece que todos acabam relaxando e se divertindo muito mais quando estão fantasiados. Foi um dia muito especial. Depois de toda a pressão do título mundial, tudo o que eu queria era ficar tranquilo e aproveitar um pouco a nova vida de casado.

Aquele ano era o 10º aniversário da morte de Sean e de seu amigo Joel, então o torneio de 2008 em memória dos dois seria o último. Foi muito especial para todos nós ter realizado o evento durante 10 anos, mas em algum momento aquilo tinha que ser encerrado. Caso contrário as pessoas começariam a esquecer o motivo pelo qual estavam celebrando. Eu não queria que fosse um campeonato aonde as pessoas viessem só para arrancar mais algum resultado. Não queria ver competidores reclamando da pontuação e dos juízes. O aspecto mais importante do evento era apenas celebrar a vida de Sean e Joel, e, além disso, era uma ótima maneira de unir a comunidade, não só as pessoas da minha geração, mas todos os outros locais mais velhos também.

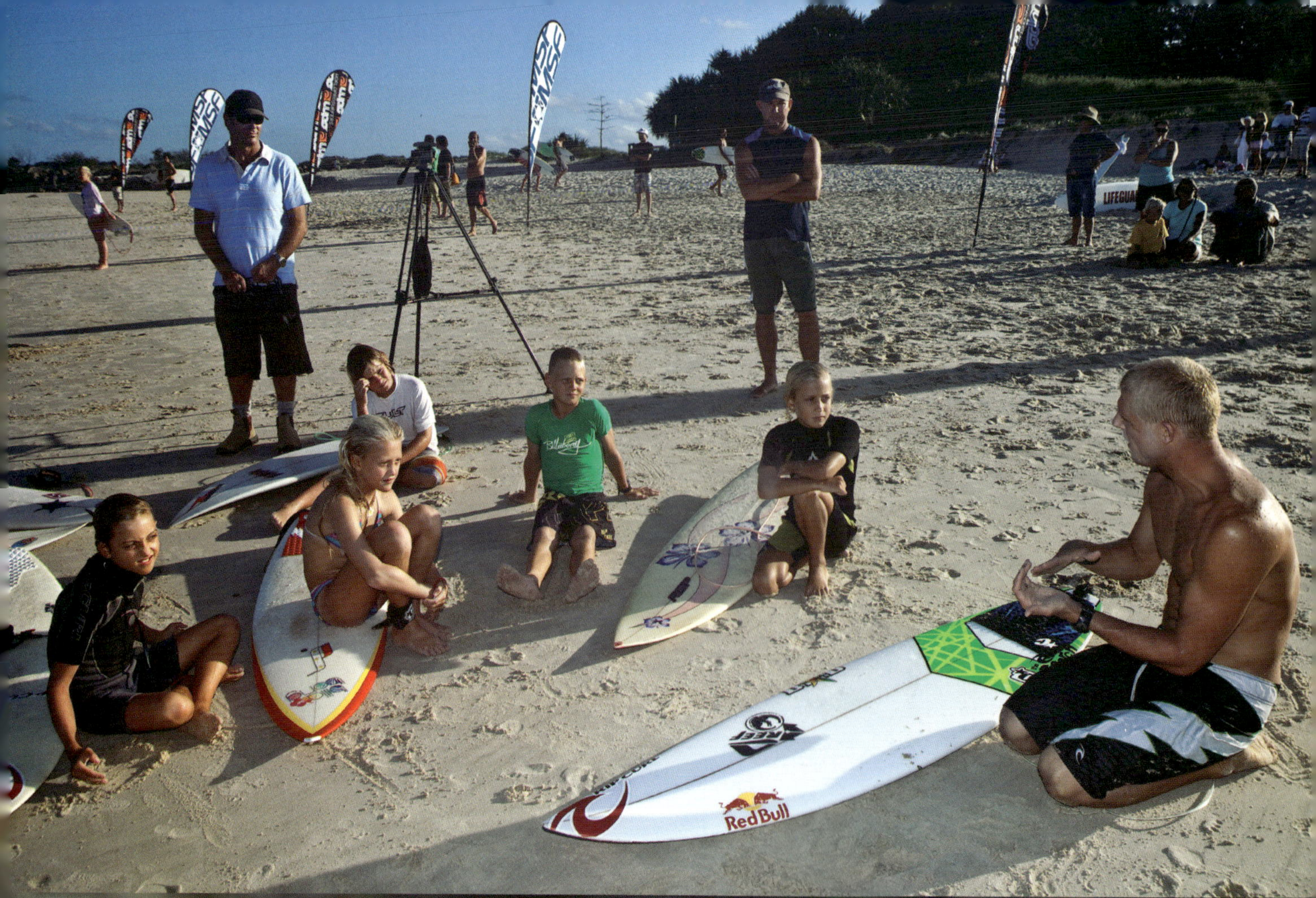
Red Bull
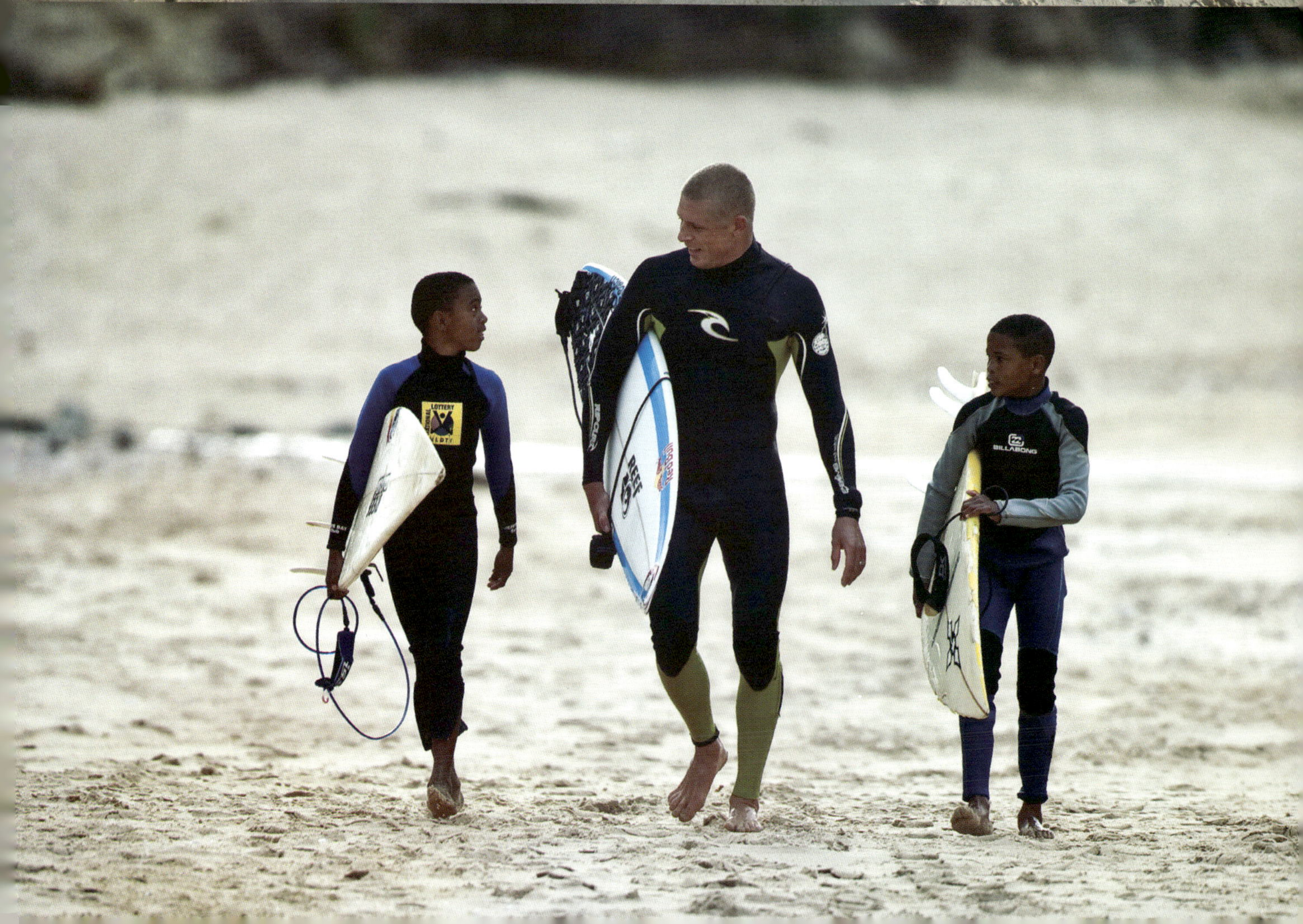

RETRIBUINDO

Não tenho dúvida nenhuma de que surfar como meio de vida é um trabalho incrível. Viajamos para os lugares mais bonitos do planeta e surfamos as melhores ondas no auge da temporada, só com outra pessoa na água.

Por outro lado, vemos também muita pobreza radical, normalmente se contrapondo ao estilo de vida praiano idílico que tanto amamos. Nesses lugares a maioria das pessoas vive em casinhas simples ou barracos com teto de zinco, onde as necessidades básicas, como comida, água e abrigo, são verdadeiros desafios diários para as famílias.

Acredito que o meu trabalho carrega algum tipo de responsabilidade em relação às pessoas e comunidades que visitamos, e por isso sinto que preciso dar alguma coisa em troca. Muitos surfistas silenciosamente fazem o que podem para ajudar, como doar pranchas e roupas para crianças que nunca poderiam comprar nada disso, além de apoiar algumas instituições de caridade. Mas há muito mais que podemos fazer. Gostaria de ver o surfe profissional contribuir de uma maneira realmente mais prática e tangível. Não precisa ser grandes ações, mas de várias formas mais simples, como atleta famosos, podemos fazer a diferença na vida de crianças que talvez só queiram a chance de surfar e encontrar seus heróis.

SURFISTAS PROFISSIONAIS MUNDIAIS

Há alguns anos, os surfistas profissionais têm sua entidade representativa, a WPS (Surfistas Profissionais Mundiais), que defende nossos interesses quase como um sindicato. Assumi o papel de representante para intermediar o diálogo entre a WPS e a ASP (Associação dos Surfistas Profissionais). Eu realmente gostaria de deixar o circuito melhor do que o encontrei; quero também tentar fazer uma diferença positiva na vida das pessoas ao longo do caminho.

Comecei com a ideia do Dia de Surfe com os Pros, como uma maneira simples de me conectar às comunidades locais, servir de inspiração para a molecada que está iniciando no surfe e aprender um pouco mais sobre os lugares e as pessoas que nos recebem. Sempre damos uma surfada juntos, passando dicas, promovendo churrascos na praia, autografando e distribuindo pôsteres de graça e, de modo geral, divertindo a garotada. São sempre dias incríveis.

Topo da página anterior: *O primeiro Dia de Surfe com os Pros em Duranbah foi um grande sucesso. É muito legal curtir com a molecada e poder dar algo em troca.*
Pé da página anterior: *Dois dos meus pupilos em J-Bay, depois da sessão de surfe, num Dia de Surfe com os Pros em 2009.*
Abaixo: *Este garotinho, Stefano, estava muito ansioso, com medo de entrar na água, então decidi cuidar dele, ensiná-lo e ajudá-lo a pegar algumas boas ondinhas.* (Fotos: Joli)

REDESCUBRA A ALEGRIA

Uma maneira garantida de redescobrir a alegria de surfar é ensinar alguém a surfar. Tenho ensinado algumas pessoas ultimamente e é sempre muito bacana: leva você de volta para seus primeiros dias na água. Uma experiência recente em particular cristalizou essa ideia de "compartilhar a alegria". Conheci o Barney alguns anos atrás, quando ele apareceu em um campeonato com sua cadeira de rodas. Sempre o ajudei oferecendo tíquetes de acesso e bons lugares. Barney é de Sawtell, na costa norte de New South Wales, e sempre vinha para a Gold Coast para assistir às nossas celebrações nas competições. Nós nos tornamos bons amigos.

Barney era o passageiro em um carro, no caminho de volta do trabalho para casa, quando o motorista dobrou uma esquina em alta velocidade e eles acabaram capotando. O motorista foi lançado para fora do carro e quebrou a clavícula, mas Barney ficou preso nas ferragens e perdeu a função das pernas. É uma situação difícil, mas ele segue em frente e isso não o impede de fazer nada.

Em uma das temporadas havaianas, levamos Barney para surfar perto de Chuns, uma ondinha tranquila da costa norte, entre Haleiwa e Waimea. O técnico local Brian Surrat veio e nos ajudou emprestando uma prancha de aprendiz de espuma macia; empurramos Barney nessas ondas e foi incrível. Eu pegava uma onda logo atrás dele, só para estar por perto caso ele caísse, mas ele pegou cinco das ondinhas mais legais e se manteve nelas até o final. Ver o sorriso no seu rosto foi uma sensação maravilhosa. A galera na água abriu espaço e deixou que ele escolhesse qualquer onda que quisesse surfar. Estava apenas meio metrinho, mas foi um dos meus dias de surfe mais memoráveis.

VISÃO MUNDIAL

Eu sempre via aqueles anúncios da World Vision (Visão Mundial) sobre a adoção de uma criança e pensava: "Isso é algo que eu gostaria de fazer", até que um dia finalmente entrei na internet e fiz a assinatura. Logo em seguida minha mãe recebeu uma ligação da instituição dizendo que eles viram que eu tinha me tornado o patrocinador de uma criança. Perguntaram se eu não tinha interesse em me envolver mais e me tornar um embaixador do projeto. Eu nem precisei pensar a respeito. Hoje, toda vez que eles têm uma campanha em que queiram chamar atenção dos jovens, eles me convidam para ajudar. A última campanha foi contra o trabalho infantil e para ajudar as crianças que viviam nas ruas em vários dos lugares mais pobres do mundo. A campanha era direcionada diretamente aos jovens e eu estava muito feliz por fazer parte dela. Se eu tenho a chance de incentivar alguém a adotar uma criança financeiramente, só dedicando uma ou duas horas do meu tempo, como eu poderia não ajudar?

Botando para dentro em Off the Wall, uma das minhas ondas favoritas no Havaí e um lugar incrível para praticar a técnica de entubar. (Foto: Ted Grambeau)

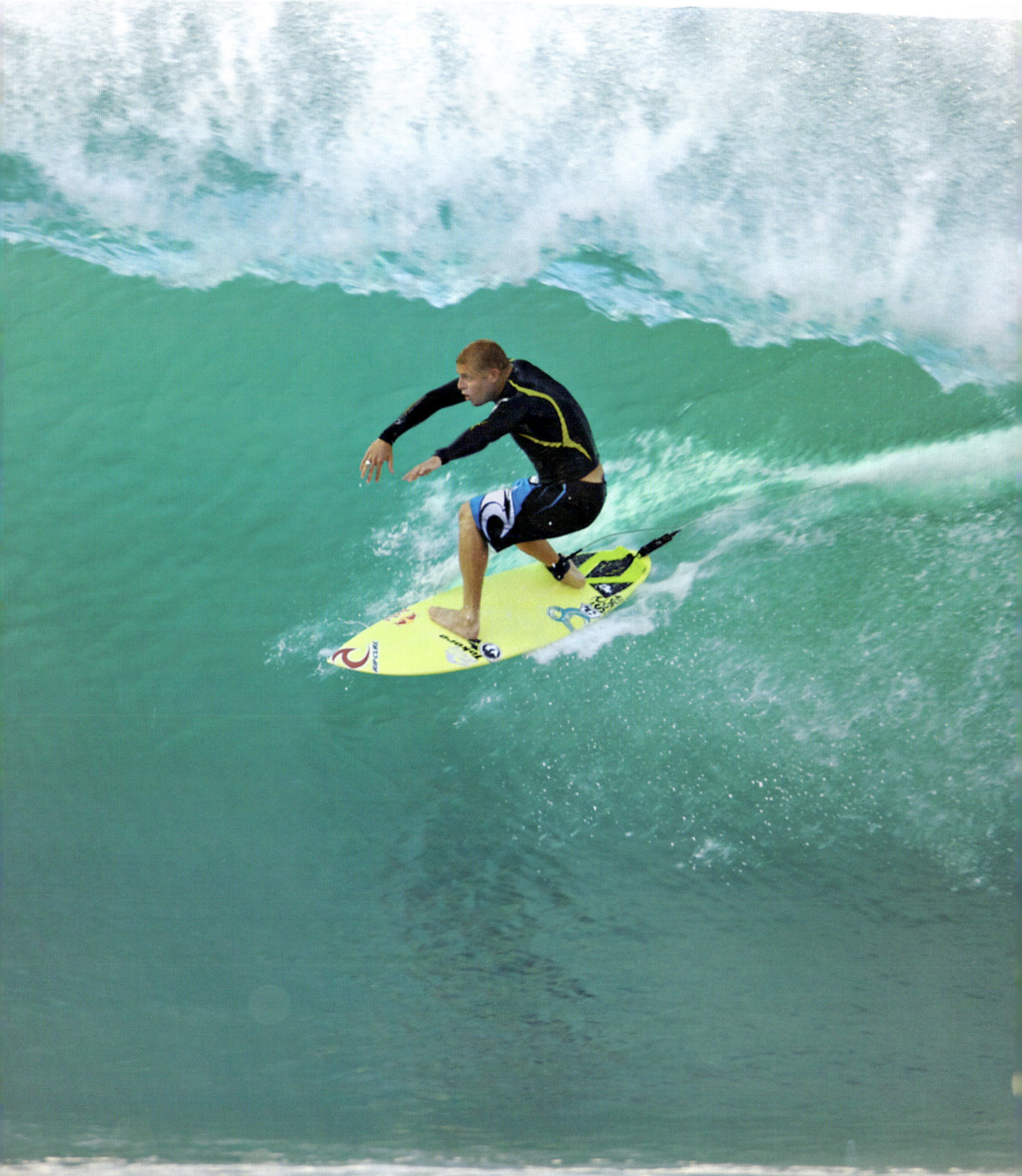

Dando uma batida onda abaixo em J-Bay. Abaixo: Eu e Dolla compartilhando um momento especial.
(Fotos: Matt Kelson)

A HISTÓRIA DE PRIMROSE

Esse negócio de fazer a diferença tornou-se muito mais pessoal para mim há alguns anos, na África do Sul, quando conheci Primrose. Eu e Karissa estávamos juntos há apenas alguns meses e a levei para Jeffreys Bay, que é um dos meus lugares favoritos no mundo. Minha mãe também foi e alugamos uma casa na praia.

A empregada que trabalhava na nossa casa era uma senhora local chamada Primrose. Ela estava grávida na ocasião e se cansava muito rápido, então minha mãe e Karissa não queriam que ela trabalhasse muito. Elas a faziam se sentar, buscavam xícaras de chá e isso era algo com que ela não estava acostumada.

Começamos a conversar, tornamo-nos amigos e logo descobrimos que ela estava com dificuldade para comprar as coisas de que precisava para o bebê. Então minha mãe decidiu mudar essa situação e comprou fraldas e roupas para o bebê. Primrose não acreditou no que viu. Mantivemos contato com ela mesmo depois que fomos embora. Quando teve o bebê ela descobriu que era portadora da aids, o vírus que destrói a imunidade do corpo. O bebê também era. Ela perdeu o filho com seis meses de idade. Primrose ficou completamente devastada e passou por muitos apuros. Nós mandamos algum dinheiro para que ela pudesse conseguir a ajuda médica certa.

Quando voltamos, no ano seguinte, nós a ajudamos um pouco mais. Eu disse: "Faça o

Acima: *Primrose, seu sobrinho Dolla e eu perto de sua casa num bairro pobre.*
Abaixo: *Primrose e eu no salão de beleza que ela construiu em frente à sua casa com o dinheiro que demos a ela.*
(Fotos: Matt Kelson)

que quiser com o dinheiro, só queremos ver você e sua família bem". Ela e a irmã usaram o dinheiro para construir um quarto ao lado da casa onde moravam e abriram um salão de beleza. Com isso ganhavam um pouco mais de dinheiro, que ajudava a comprar os remédios de que Primrose precisava, assim como uma alimentação melhor. Elas podiam ter feito qualquer coisa com aquele dinheiro, mas vê-las melhorar seu estilo de vida ao começarem um negócio próprio foi muito impressionante. Nós nos tornamos grandes amigos e sempre aguardávamos com alegria a oportunidade de nos vermos de novo toda vez que voltávamos para Jeffreys Bay.

Em 2008, Primrose decidiu estudar e se tornar uma conselheira sobre aids, para ajudar outros que estivessem na mesma situação. Eu me senti privilegiado por estar na posição de ajudá-la a transformar isso em realidade. Agora ela já é qualificada e faz visitas nos bairros pobres, educando as pessoas sobre a prevenção e o tratamento da aids. Ela se tornou família para nós. Voltar lá e vê-la tão bem, e com boa saúde, me dá lágrimas nos olhos. Ela foi uma grande inspiração quando a Visão Mundial me ligou e pediu para que eu me envolvesse mais, porque mesmo que eu não possa ajudar todo mundo, quem sabe eu possa inspirar mais pessoas a ajudar?

COMPETIÇÃO: ENTRANDO EM SINTONIA

Competir é algo engraçado: algumas pessoas nasceram para isso e outras não. Eu sempre gostei de competir e comecei cedo. Por ser o mais novo de cinco irmãos, era sempre o menos favorecido em tudo, desde ficar com o último pedaço do bolo de chocolate até perder quando tentava derrubar meus irmãos jogando futebol australiano no quintal.

Somos todos diferentes e é importante descobrir que tipo de treinamento pré-bateria funciona para você. Quando você tem uma boa bateria e tudo funciona perfeitamente, lembre como você se preparou para aquela bateria em particular. Tente entender o que você fez para preparar seu corpo e sua mente, como alongamentos ou um surfe de aquecimento. Você estava sentado sozinho ou estava ouvindo uma música? Você estava superempolgado ou estava tranquilo? Tente identificar esses detalhes de quando você se deu bem e de quando não se deu tão bem assim. Escreva-os em duas colunas; depois leia as listas com atenção e observe o que você fez de diferente em cada campeonato.

Estas são as pequenas coisas que o colocam "na sintonia". A "sintonia" é o momento em que você sente que tudo está certo. A chave é você aprender a reproduzir esse sentimento na rapidez do clique de um interruptor ou com o que as pessoas chamam de gatilho. Existem pessoas que conseguem mudar seu estado mental tão rápido quanto a batida de um coração: pode ser através de uma canção ou de um mantra, algumas palavras-chave que você diz a si mesmo, ou até de uma rotina inteira de preparo e aquecimento. Qualquer coisa que o leve a entrar em "sintonia".

Eu gosto de estar calmo antes das minhas baterias. Se fico animado demais, eu me esforço muito e começo a cair. Agora controlo minha adrenalina por meio da respiração durante minha rotina de exercícios de alongamento e aquecimento. Quando corro na praia para a minha bateria, já estou bem motivado e aí gosto de sacudir para fora de mim toda a energia nervosa. Depois disso, gosto de me sentar e fechar meus olhos por alguns minutos. Faço algumas inspirações profundas e visualizo as ondas do lugar onde estou indo surfar naquele dia. Então uso minhas palavras-gatilho: "Vamos fazer isso. É hora de bateria". Quando concluo minha rotina, sei que não há mais nada a ser feito a não ser surfar a bateria dando o melhor de mim.

Nas vésperas de eventos, gosto de sair para surfadas de meia hora. Esse é o tempo que temos em uma bateria. Com isso consigo manter a intensidade para aquele curto período de tempo. Depois de um tempo dessa prática, fica a sensação de que as baterias não passam de uma sessão de surfe por diversão, e me sinto ligado desde o primeiro segundo em que remo para fora. Isso me ajuda também a perceber que tenho bastante tempo para marcar pontos em vez de me desesperar e acabar fazendo escolhas ruins. Essas sessões curtas me mantêm renovado e motivado o suficiente para surfar. Se eu surfar demais antes de um evento, meu nível de motivação cai um pouco. Sinto-me um tanto lerdo e minhas pranchas não parecem mais tão elétricas.

Duas vezes ao ano eu fecho as portas da minha garagem, onde guardo todas as minhas pranchas. Mantenho-as fechadas por uma semana ou pelo tempo que for necessário até eu voltar a me sentir motivado. Eu tento me esquecer completamente do surfe – fico totalmente desligado. E isso normalmente é o suficiente para que eu volte a me entusiasmar a surfar de novo.

Página anterior: *Meditando antes da minha bateria em Bells.* (Foto: Jon Frank) Acima: *Dando uma batida limpa em Bells.* (Foto: Ted Grambeau) Abaixo: *Discutindo táticas com o técnico da Red Bull, Andy King, em Portugal, um pouco antes das quartas de final em 2008.* (Foto: Joli)

GUIA PARA MANOBRAS NA FACE DA ONDA: O LAYBACK SNAP

1 Para dar um layback snap, uma mistura de batida com rasgada se apoiando para trás na água, você precisa de uma seção que seja razoavelmente em pé, mas não vertical demais. Quando você estiver dando a cavada, tem que olhar para a seção no alto da onda que quer atingir, mas não pode mirar no lip, senão vai ficar muito difícil de voltar. O segredo é focalizar mais à frente, em direção ao rabo da onda, mas não tão longe, onde você daria um cutback. Corte a face da onda na diagonal com velocidade. Quando você se aproximar do lip, troque todo o apoio do seu peso para o pé de trás e comece a empurrar a rabeta da prancha o mais forte que puder.

2 Quando alcançar o lip, você pode afundar sua mão na onda

como um tipo de âncora para servir de ponto de pivô para a virada.
3 Mantenha o torso firme e estável enquanto você gira seu quadril para direcionar a manobra.
4 Continue empurrando com o pé de trás enquanto usa o pé da frente para guiar a prancha de volta para baixo da onda.
5 À medida que você completa a manobra, pode abaixar seu centro de gravidade, quase sentando na curva, para ter força máxima e espirrar água para fora da onda, antes de se acomodar novamente sobre a prancha e iniciar a próxima cavada.

(Sequência: Joli)

CAPÍTULO 8

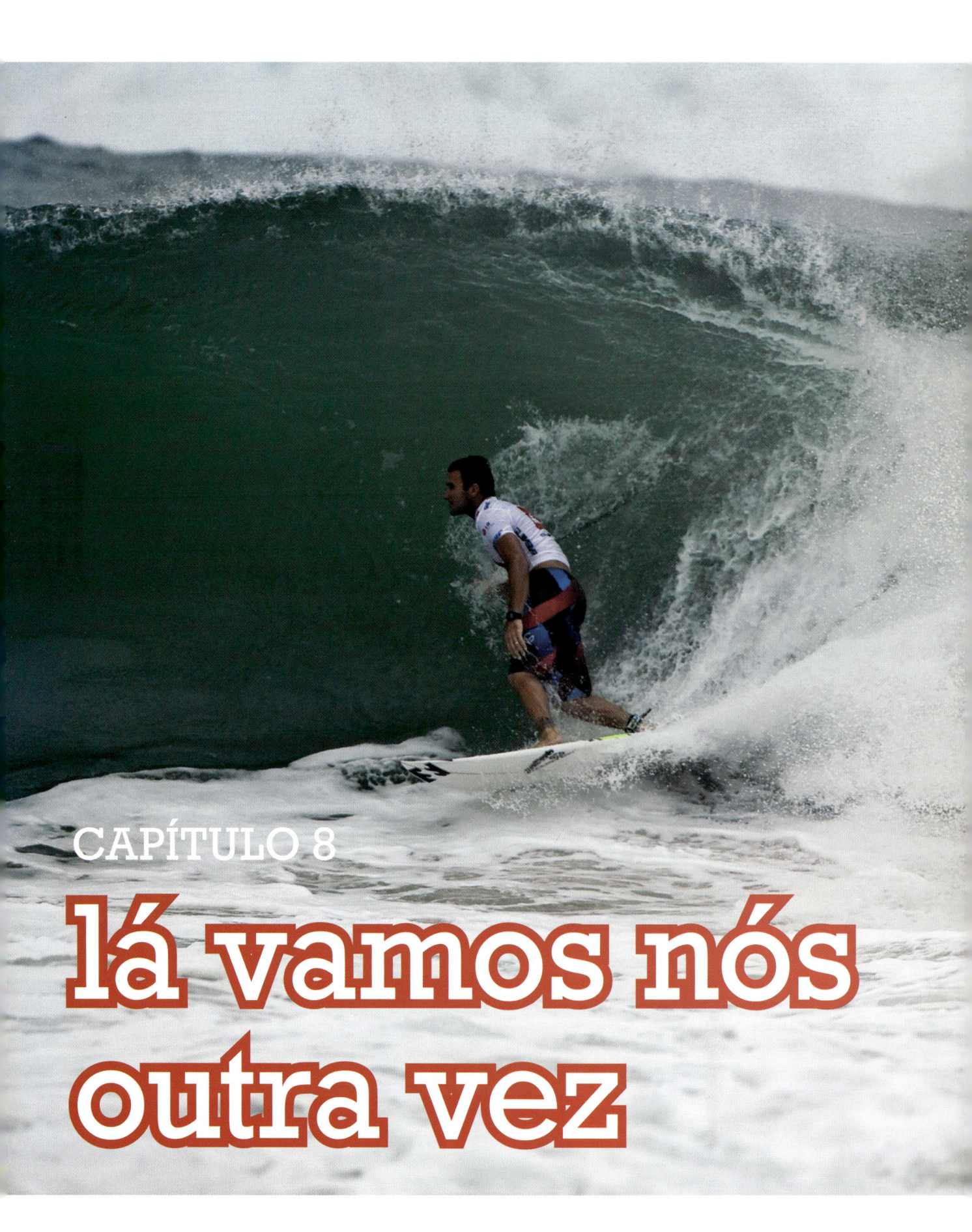

lá vamos nós outra vez

Em 2009 senti novamente o desejo de tentar conquistar o título mundial, mas sabia que não seria fácil. Kelly estava indo para seu 10º título mundial, depois de dominar totalmente o circuito em 2008. Joel estava treinando seriamente e colhendo os benefícios com um grande final de ano, culminando com a vitória na Triple Crown no Havaí. Taj Burrow também estava levando as coisas bem a sério, viajando com seu próprio treinador no circuito. Além disso, novos talentos, como Dane Reynolds e Jordy Smith, ameaçavam explodir.

O palco estava montado para o ano à nossa frente quando Joel e eu disputamos aquela espetacular semifinal em Kirra, no Quiksilver Pro, iniciando 2009. Foi incrível surfar uma bateria com um dos meus melhores amigos, num mar que estava bombando, diante de uma multidão enorme. Não era a verdadeira onda de Kirra, que ainda estava sufocada com toda a areia despejada ali, mas quebravam algumas com bom tamanho e a plateia na praia foi à loucura.

Joel saiu na liderança com duas notas acima de sete; foi quando quebrei a minha prancha. Àquela altura eu sabia que estava numa situação complicada. Se isso tivesse acontecido no começo da minha carreira, eu não conseguiria me reerguer novamente. Mas com a experiência você aprende a relaxar e a se manter confiante. Não deu outra, voltei ao mar, consegui um oito e um nove seguidos e passei à frente de Joel, mas então ele tirou um nove e um 10 e já era. Ainda assim fiquei feliz com a maneira como me mantive na competição e como eu tinha conseguido revidar.

Foram muitas as vezes, desde que éramos moleques, que sonhamos com o dia que conseguiríamos surfar no nosso pico local sem ninguém. Mas isso nunca aconteceu porque as ondas da Gold Coast sempre foram muito disputadas. Portanto, a oportunidade de surfar aquele dia em Kirra, só com Joel, e milhares de pessoas alinhadas ao longo do pico, apenas olhando, foi realmente um sonho realizado.

Página anterior: *Joel dropando em Kirra enquanto eu assistia da garupa da moto aquática, durante a nossa memorável semifinal no Quiksilver Pro.* Abaixo: *Uma multidão esteve presente.* (Fotos: Joli)

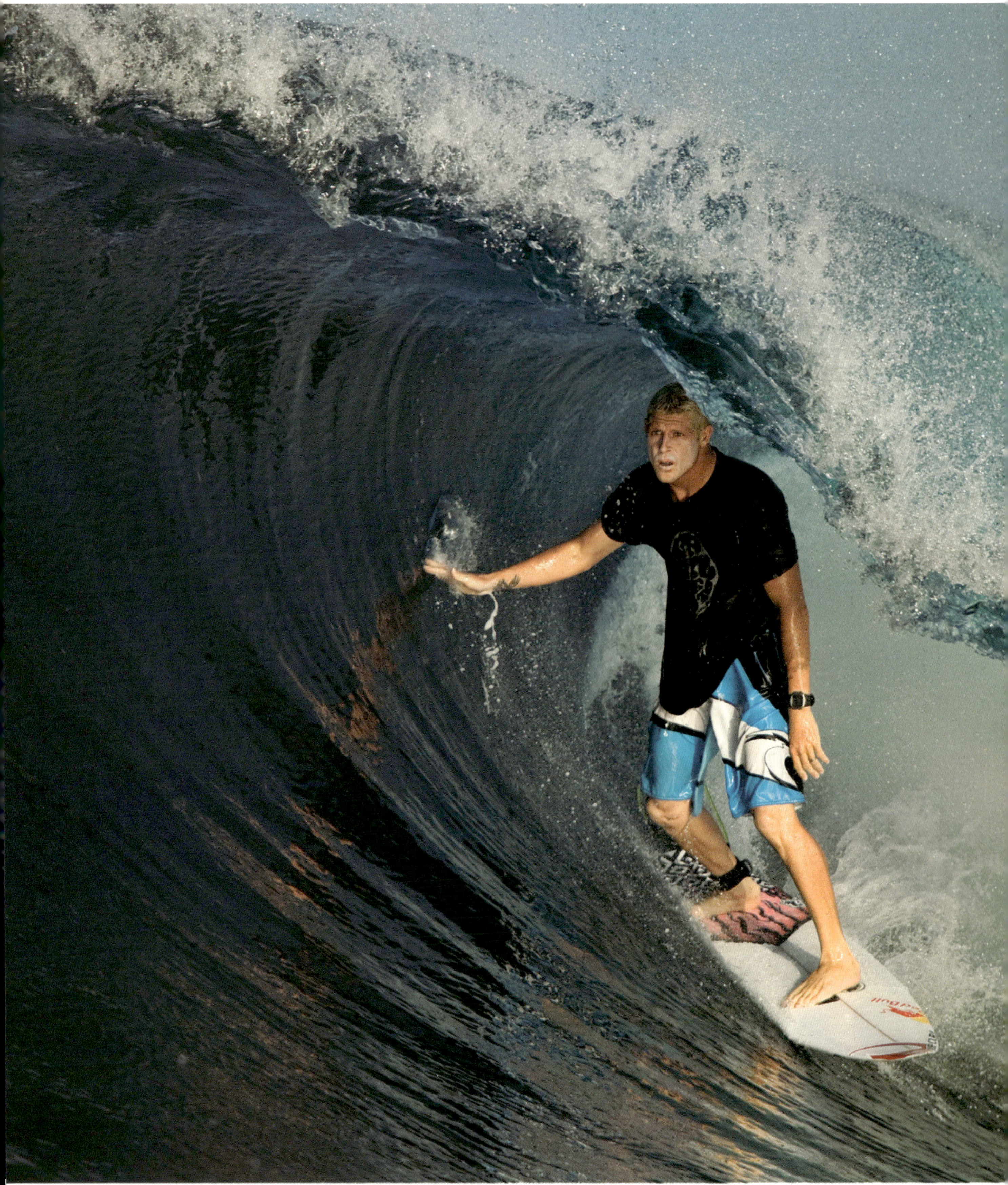

UMA OLHADELA NO FUTURO

Em meados de 2009 fiz outra viagem para as Mentawais com o time da Red Bull, mas essa foi um pouco diferente das típicas viagens de barco pela Indonésia. A Red Bull criou uma expedição para trazer os principais surfistas do WCT patrocinados por eles, algumas das melhores meninas e um grupo de novos talentos em ascensão para inspirar e pressionar uns aos outros em ondas de qualidade. Tínhamos também três técnicos de surfe a bordo, estávamos equipados com GPS de última geração, computadores, bicicletas ergométricas, testes de lactato sanguíneo, testes de hidratação e basicamente todos os recursos de alta tecnologia esportiva científica para medir e monitorar cada aspecto do nosso surfe.

As ondas estavam de pirar a cabeça. Todo mundo já deve ter visto o rodeo flip de Jordy Smith, mas todos os surfistas estavam fazendo coisas incríveis. A turma inteira elevou o nível de suas performances, tentando superar o que viam seus companheiros fazer.

Ganhei muito com aquela experiência. Testei um monte de quilhas novas. Era inspirador assistir a todos aqueles surfistas diferentes e suas maneiras de encarar as ondas. Os dados da pesquisa de ciência esportiva ajudaram muito. Eu já estava ficando saturado com o tipo de treinamento que vinha fazendo antes dos campeonatos, então aproveitei para fazer perguntas e tentar coisas novas. Isso me fez sentir muito bem e me proporcionou um novo impulso na hora de entrar para as baterias.

É radical pensar que tipo de surfe essa molecada vai fazer no futuro e para onde todo esse equipamento sofisticado da ciência esportiva vai levar o surfe. Eu estava muito contente por fazer parte de tudo aquilo.

Passeando no tubo em Lance Rights, num final de tarde dourado durante a viagem da Red Bull para as Mentawais. (Foto: Agustin Munoz/Red Bull Photofiles)

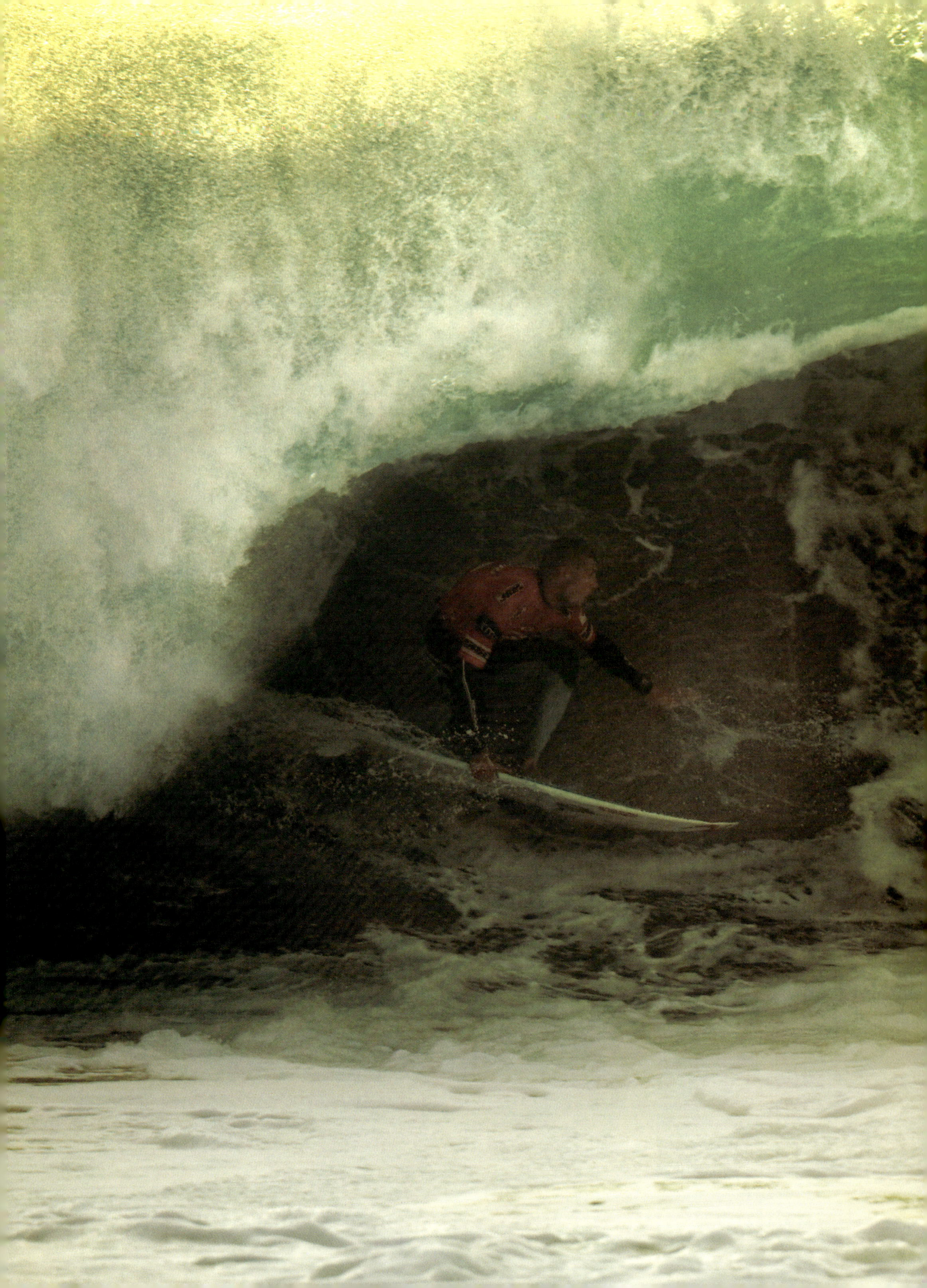

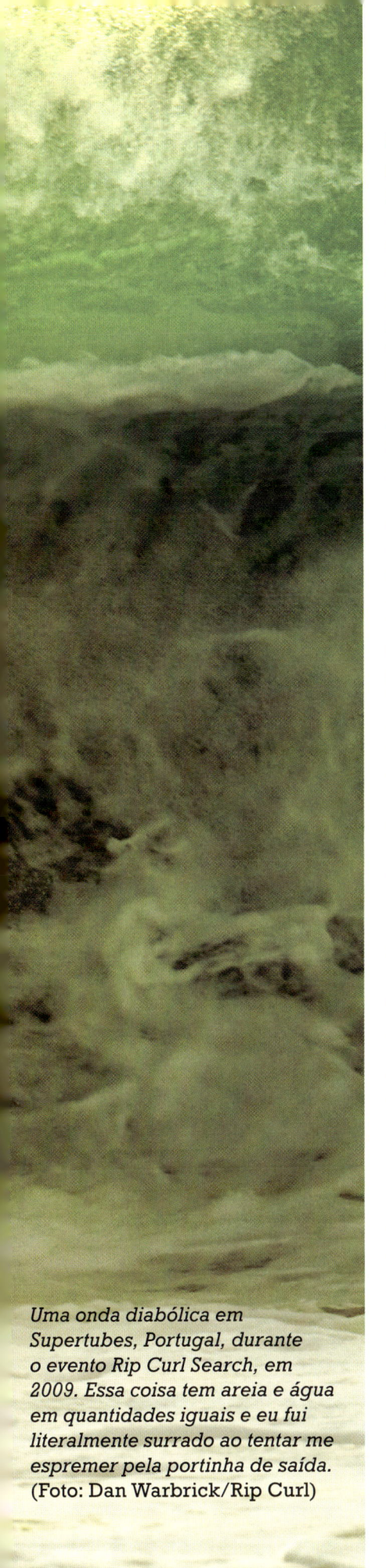

Uma onda diabólica em Supertubes, Portugal, durante o evento Rip Curl Search, em 2009. Essa coisa tem areia e água em quantidades iguais e eu fui literalmente surrado ao tentar me espremer pela portinha de saída. (Foto: Dan Warbrick/Rip Curl)

UMA TEMPORADA DE DUAS METADES

Lá pelo meio de 2009, parecia que Joel já tinha fugido com o título mundial. Ele ganhara três de cinco eventos e estava 1.400 pontos à frente do adversário mais próximo, enquanto eu amargava num sétimo lugar no ranking, tendo conquistado apenas um 17º em Jeffreys Bay, na África do Sul. Mas nenhum de nós poderia ter previsto o que aconteceria na segunda metade do ano.

Eu estava pensando em mudar um pouco minha abordagem em relação às competições, só para manter as coisas atualizadas, e depois de J-Bay parecia o momento certo para tentar isso. Então eu encarei meu próximo evento, o US Open em Huntington Beach, um evento da série de qualificação, como uma oportunidade de experimentar essas mudanças.

Eu queria diminuir o tempo das minhas preparações antes das baterias, estava achando cansativo demais manter a rigidez da rotina pré-evento. Na verdade eu queria mesmo era me divertir mais e surfar do jeito que sempre tive vontade nas competições. Também estava experimentando surfar com pranchas um pouco mais curtas em ondas menores; eu tinha baixado de uma 6'0" para uma 5'11". Assim que fiz essas mudanças, embalei de novo. Consegui um segundo lugar em Huntington, o que não afetou nada na disputa pelo título, mas me deu um impulso de confiança a caminho da segunda metade do ano.

Tive cinco semanas em casa depois do US Open. Normalmente eu tirava algumas semanas de folga do treinamento, mas retornei direto para a academia e voltei a surfar muito. Eu queria que meu corpo e minha mente estivessem totalmente em forma para o restante do ano.

Fui ao evento seguinte do Circuito Mundial, em Trestles, na Califórnia, em plena forma e disposto a vencer. Mas àquela altura eu ainda achava impossível frear Joel – ele estava surfando bem e já tinha três vitórias. A situação toda o favorecia. Eu sabia que Joel tinha machucado o tornozelo surfando em Bali. Ele tinha me pedido aconselhamento para lidar com isso, imagino que por eu já ter superado algumas lesões durante minha carreira. Joel me ligou antes de partimos para Trestles e eu disse: "Você tem que fazer o que sentir que é a coisa certa. Se tem algo que não está certo com seu corpo, talvez você não deva surfar no evento. Talvez seja melhor você descartar um evento e se recuperar. É impressionante quanto nosso corpo consegue se curar em uma ou duas semanas de descanso". Ele minimizava a seriedade da lesão e dizia para todo mundo que estava bem, mas eu sabia que ele não estava legal. Ele não vinha surfando de acordo com seu nível normal e certamente tinha perdido um pouco de confiança nas baterias.

Bem, virou história o fato de eu ter ganhado três dos quatro eventos seguintes – na Califórnia, na França e em Portugal – enquanto Joel sofreu com três 17ºs seguidos, ao mesmo tempo que lutava para superar a lesão no tornozelo. Em Portugal ele pareceu estar bem: conseguiu um 10 numa onda perfeita, nos tubos pesados de Supertubes, e terminou em terceiro, mas eu venci o evento e fui para o Havaí com 300 pontos de vantagem na classificação. Naquele estágio, somente eu e Joel tínhamos pontuação suficiente para o título mundial. Foi muito louco competir com um dos meus melhores amigos, mas, independente do que acontecesse, pelo menos sabíamos que o título voltaria para Coolangatta.

DUELO HAVAIANO

São três os eventos havaianos, conhecidos como Triple Crown (Tríplice Coroa), mas só o último em Pipeline conta pontos para o título mundial. Ainda assim, a Triple Crown é uma conquista de enorme prestígio, e eu estava dividido, sem saber se deveria ou não participar do primeiro evento. Eu sentia que precisava ficar um tempo em casa para treinar, me preparar e focar somente em Pipeline, enquanto Joel tinha ido direto para o Havaí para competir nos três eventos.

Eu ia ficar em casa ainda por um período mais longo, mas num determinado estágio senti que estava pronto para ir. Monitorava as condições o tempo todo e não tinha perdido nenhum dia de boas ondas. Até que vi uma ondulação e corri para o avião. Eu estava me apoiando no meu instinto em vez de ouvir o que os outros falavam, e acho que tomei a decisão correta.

Uma vez no Havaí, a tensão entre Joel e eu definitivamente subiu a um novo patamar. Houve momentos em que estávamos os dois surfando sem compromisso e dava para sentir a tensão na água. Era como se estivéssemos competindo ali mesmo naquela hora. Esbarrei com ele na praia num dia e duas vezes na água, porque estávamos hospedados há apenas algumas portas de distância um do outro, bem na frente de Backdoor/Off the Wall. Era sempre bem difícil saber o que falar um para o outro, então não falávamos muito e aquele silêncio só deixou as coisas mais tensas ainda.

Nessas situações de pressão, ter uma rotina definida antes das baterias é algo muito vantajoso. Assim que começo a rotina já me sinto bem. Esqueço o que está acontecendo ao meu redor – tudo que é periférico. Sei que é hora de resolver, então vou e faço o que tem que ser feito.

O título acabou sendo decidido mais cedo do que todos nós imaginávamos. Passei por minhas primeiras baterias em Pipeline pela manhã, o que significava que Joel tinha que ganhar sua próxima bateria contra o convidado local, Gavin Gillette, para manter viva a corrida pelo título. Como o destino quis, eu estava apenas remando para a minha próxima bateria contra meu amigo Dean Morrison quando tudo isso aconteceu.

Enquanto eu remava, pude ouvir a multidão gritar e percebi que Gavin devia ter pontuado com uma boa onda, mas tive que afundar para passar embaixo de uma ondulação. Quando emergi, vi o pessoal na praia indo à loucura e Gavin dando um cutback. Dava para ver como ele estava feliz e com isso tive a certeza de que ele devia ter finalizado um supertubo. Então anunciaram sua pontuação – 9,3 – e, de repente, Gavin estava na liderança! Isso significava que Joel precisava de um 6,5 para virar a bateria, com poucos minutos faltando. Eu não conseguia nem olhar para Joel ou para Dean. Começaram a contagem dos últimos 30 segundos. Uma série entrou e eu vi Joel remando para ela. De onde eu estava, definitivamente parecia que a onda ia fechar. Não dava para enxergar muito bem, mas Joel caiu do topo do lip numa vaca horrível. Foi um momento completamente louco quando a realidade bateu e percebi que tinha acabado de ganhar o título mundial. Deano remou para perto e me deu um abraço. Logo depois, Joel remou para fora voltando da sua vaca e esse foi provavelmente o momento mais difícil de toda a experiência. Eu não queria gritar ou comemorar bem na cara dele. Ele veio me cumprimentar e achei a atitude dele muito corajosa.

Ainda tinha que surfar o restante da bateria contra Dean, mas eu nem queria mais ir adiante no campeonato. Tudo que eu queria era sair da água, ver minha mulher e comemorar com meus amigos, mas você tem que ir até o fim e surfar sua bateria. Eu pensei: "Vai lá Deano, faça uma boa pontuação". No tempo restante da bateria eu só fiquei me divertindo, entubando, e o Deano acabou ganhando.

Quando remamos de volta para a praia, Joel já tinha ido para casa lidar com a tristeza de sentir o título mundial escorregar de suas mãos. Ele admitiu que deixou cair algumas lágrimas quando estava no chuveiro, mas foi homem o suficiente para voltar para a praia e me esperar na beirada da água. Dois dos meus mais queridos amigos, Joel e Deano, me carregaram praia acima até o pódio, e não existia nenhuma outra dupla que eu quisesse ali me dando aquela honra. Foi uma emoção forte para Joel também. Eu não ficaria desapontado se Joel não estivesse lá, mas eu lhe disse mais tarde que a presença dele significou muito para mim. Ele apenas respondeu: "Não se preocupe, você teria feito o mesmo por mim".

Acho que o mais importante de tudo isso é que aprendi a ganhar de uma nova maneira, sem me colocar em uma situação de muito estresse. Foi com certeza muito mais divertido do que o primeiro título mundial. Eu não me dei conta de quanto aquela campanha pelo título tinha custado para as pessoas que eu amava. Foi muito bom descobrir que eu ainda podia ganhar sem colocar todo mundo na mesma situação.

Acho que a coisa mais importante que aprendi durante a campanha de 2009 foi ser verdadeiro comigo mesmo e curtir ao longo do caminho. Se você está se divertindo, tudo funciona melhor, mas às vezes é preciso muito trabalho duro para descobrir isso.

Página anterior: *Um momento decisivo no Pipemaster de 2009, enquanto eu esperava para entrar na minha bateria e Joel era cuspido para fora de um tubo.* (Foto: Andrew Shield).
Acima: *Eu encontrei com o Joel na praia antes da minha bateria e desejei boa sorte a ele, o que foi bem legal.* No meio: *Joel e eu nos abraçamos na água depois que estava tudo acabado.* Abaixo: *Dando um grande abraço e um beijo em Karissa, para comemorar o título.* (Fotos: Joli)

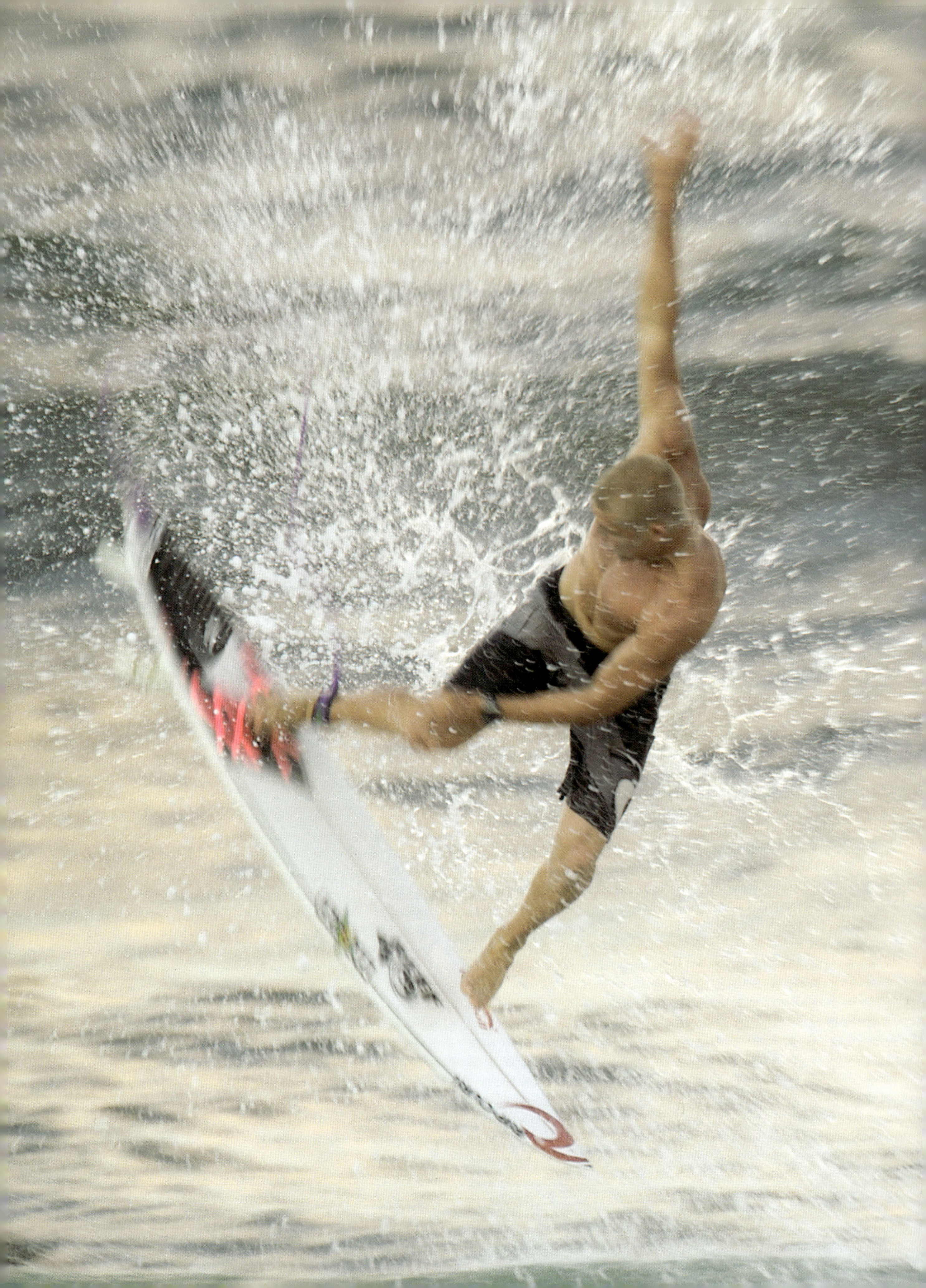

APRENDENDO COM O OCEANO

Muitas das minhas atitudes na vida foram pautadas pelo oceano. Todos os dias trazem uma coisa nova, e há sempre algo que nos faz olhar adiante quando estamos surfando e perto do mar. O oceano guarda muitas lições de vida: está sempre mudando – nunca dois dias de ondas serão exatamente os mesmos. Ele ensina você a aceitar mudanças e a observar os padrões e ciclos da natureza. Houve tempos em que eu me senti totalmente perdido na vida, e voltar ao oceano, surfar, sempre me ajudou a clarear a mente e a retomar meu rumo. Basta um mergulho no mar ou somente colocar o pé na água para que você se equilibre e se acalme. O oceano ensina você a entender o sentido das suas próprias oscilações de humor e a observar e aceitar as mudanças da vida. Você pode observar o fluxo do oceano de um momento a outro. Honestamente, eu não sei o que estaria fazendo se não tivesse encontrado o surfe e o oceano. Não gosto nem de pensar nisso.

Tem sido uma grande jornada para um garoto de Penrith, filho de um casal "de 10 libras". Eu gosto da ideia de que é o oceano que conecta os países, os continentes e as pessoas, e do fato de não existir fronteiras na água. Quando qualquer criança em qualquer parte do mundo resolver remar para as ondas, será o início de uma jornada que poderá levá-la a todos os lugares.

Página anterior: *Mandando ver num ambicioso aéreo num final de tarde em D-bah.*
Acima: *Uma linda sessão dourada, de manhã cedinho, num lugar um pouco mais ao sul da nossa casa, em meados de 2010. Eu e Joel fomos juntos até o nosso pico favorito, como nos velhos tempos.*
(Fotos: Simon Williams)

OS SURFISTAS FAVORITOS DO MICK

Duas das mais incríveis manobras do surfe. Acima: *a clássica rasgada "gaivota ferida" de Mark Richards.* Na página seguinte: *Uma épica "Cavada Curren" em Off the Wall.* (Fotos: Joli)

A revista *Surfer* recentemente me pediu para votar nos "50 Melhores Surfistas de Todos os Tempos". É uma tarefa bem complicada: quando você só pode escolher 50 caras, alguns surfistas lendários certamente ficarão de fora. Então fiquei pensando e aqui está a lista dos meus 10 surfistas favoritos de todos os tempos.

1. MARK RICHARDS
MR é o cara! Ganhou quatro títulos mundiais consecutivos e foi o primeiro a realmente dominar o esporte. Eu sempre fui fã do seu estilo "gaivota ferida", e ele provavelmente é o cara mais legal que você poderia conhecer, uma verdadeira lenda.

2. TOM CURREN
Adoro a maneira como Tom lê a onda: ele desenha linhas diferentes e não dá bombadas entre as manobras. Seu estilo e suas rasgadas são impecáveis, e sua maneira de surfar tubos é perfeita. Se você quiser saber o que eu estou falando, assista ao filme *Searching for Tom Curren*.

3. MARK OCCHILUPO
Occy sempre foi um dos meus heróis no surfe, desde que eu era criança. Ninguém surfa de costas para a onda melhor do que ele. Além disso, é uma figura única – todas as palavras que saem de sua boca são hilárias. A outra coisa que admiro sobre Occy é a sua longevidade. Ele é uma inspiração.

4. SUNNY GARCIA
O poder absoluto de Sunny era ridículo. No circuito, existem algumas ondas que podem ditar ou restringir sua forma de surfar – como Sunset ou Haleiwa. Mesmo assim, Sunny parecia sempre ser mais forte que elas. Se me perguntar, acho que Sunny sempre foi extremamente desvalorizado.

5. TAYLOR KNOX
Quando o vi surfar pela primeira vez nos vídeos mais antigos de Taylor Steel, Knox se tornou um favorito instantâneo para mim. Eu acredito que ele tenha uma das melhores rasgadas de frente para a onda da história do surfe. Ele também se recuperou de uma

lesão muito grave em sua coluna, algo que ameaçou sua carreira, e eu o respeito por isso.

6. DANNY WILLS
Uma das minhas primeiras pranchas era uma antiga modelo Willsy. Eu a amava. Ele cresceu não muito longe de mim, então era meu herói local. Eu sempre gostei de assistir Danny surfar porque ele tem uma das técnicas mais apuradas que já vi. Acho Danny impressionante e sua sincronização é extremamente precisa.

7. MICHAEL PETERSON
Só vi Michael surfando em filmes antigos, mas o que ele era capaz de fazer numa monoquilha em Kirra sempre me fez pirar. Ele era também uma pessoa de caráter bizarro e eu adorava ler e ouvir histórias sobre ele. Se você ainda não conferiu, *MP: a vida de Michael Peterson*, de Sean Doherty, é uma excelente leitura. Eu tive a sorte de conviver um bocado com MP, e ele até discursou na festa do meu título mundial. Uma lenda!

8. KELLY SLATER
Eu tinha 11 anos de idade quando Kelly conquistou seu primeiro título mundial, em 1992. Não há muito que eu possa dizer sobre uma pessoa de quem já se disse tudo. Ele é o maior surfista que já existiu e o cara responsável por levar o surfe e o esporte para onde estão hoje. Você precisa amar o cara, mesmo que queira derrotá-lo tanto quanto eu quero.

9. JOEL PARKINSON
Eu surfei muitas vezes com Parko e sempre admirei a suavidade de seu estilo na água. Não importa se as ondas estão com meio ou três metros, ele sempre se mantém elegante e nunca perde o encanto. Fora da água, entretanto, ele não tem nada daquele estilo: é apenas um cara esguio e muito narigudo! (Brincadeirinha, Parko). Ele é um dos meus melhores amigos.

10. ANDY IRONS
Andy foi a pessoa mais competitiva que já conheci. Ficava muito bravo quando perdia. Em terra, era um bom amigo, mas, em uma situação de bateria, ele encarava você para valer e por isso era muito difícil vencê-lo. Da mesma forma que ele era um grande competidor, seu surfe era incrível – e sempre com manobras impressionantes e tubos monstruosos. Em Teahupo'o e em Pipeline ele era o cara.

AS ONDAS FAVORITAS DO MICK

1. Duranbah. Aqui em casa, D-bah certamente está entre as minhas favoritas. Tem força e muitos humores diferentes. Pode estar tubular ou superdestruível. Você tem Off the Wall, tem Lowers – são muitas seções diferentes e é muito consistente. Esta é a onda que mais surfei na infância e na adolescência.

2. Snapper Rocks. Esta é a onda que mais ajudou na minha evolução. Só por poder encontrar repetidamente uma seção similar a outra, a gente consegue dar cinco ou seis rasgadas na mesma onda. Snapper realmente me ajudou a aprender a dar snaps e cutbacks. Atrás da pedra, no buraco, é muito divertido.

3. Pipeline/Backdoor/Off the Wall no Havaí é definitivamente um lugar que passei a amar. Poder botar para dentro daquelas enormes esquerdas em Pipeline é muita curtição. Backdoor fica ainda mais em pé e, se você pegar uma grande ali, o esforço é para valer, mas a recompensa é incrível. Off the Wall é um pouco diferente: você acelera mais dentro do tubo; dá para ficar muito fundo, pois primeiro a onda suga você e depois o expele. Às vezes há um backwash na face, mas amo o desafio de escapar pela portinha do cachorro antes que feche tudo.

4. Teahupo'o é uma onda magnífica porque nela você está sempre superando seu medo. Sempre que vou ao Taiti, minha primeira surfada dispara meus batimentos cardíacos. Depois de alguns dias, você começa a ficar um pouco mais confortável. Adoro surfar ali quando está maior. Quando baixa um pouco, sua confiança está bem alta – você se sente invencível.

5. J-Bay é definitivamente uma das minhas favoritas. A velocidade que você alcança é simplesmente inacreditável e dá para desenhar as linhas mais bonitas. Também tenho que mencionar Rags Rights nas Mentawais. Aquela onda é ideal para o tipo de surfe que gosto de fazer, entrando no tubo o mais veloz que posso.

6. Trestles no sul da Califórnia é provavelmente a melhor onda de alta performance do mundo. Você pode fazer absolutamente tudo que quiser. Se você sabe que pode fazer uma manobra e quer tentar, é o melhor campo de treino que existe.

OS FILMES DE SURFE FAVORITOS DO MICK

1. Occy em *Pump* (1990). Sei que é bem velho agora, mas o surfe que ele fazia ainda pode ser apreciado hoje – continua sendo de alta performance. Sempre me lembro daquele último tubo em Hossegor, quando ele usa a roupa de borracha preta e amarela. É simplesmente incrível.

2. Taylor Knox in *Focus* (1994). Esta é a seção que o tornou um dos meus surfistas favoritos. Mostra o tipo de surfe que eu queria fazer.

3. Kelly Slater em *Black and White* (1991). Este vídeo foi visto um milhão de vezes quando éramos crianças. Lembro que custava só 10 dólares nas surf shops. Meu irmão comprou e, daquele momento em diante, assistíamos ao vídeo sem parar.

4. Dane Reynolds em sua seção em *Stranger than Fiction* (2008). Os aéreos que ele dá são simplesmente incríveis, e ainda os mescla com manobras poderosas na face da onda. Reynolds é definitivamente o surfista mais estimulante de ser observado agora – ele pode fazer tudo.

5. Jordy Smith tem uma seção em *Stranger than Fiction* e outras em *Modern Collective* (2009) que são sensacionais. Ele colocou bastante esforço em *Modern Collective*: estava simplesmente alucinado. Smith é como Dane: grandes rasgadas e aéreos insanos. Todo mundo apenas tenta flutuar pelo ar, mas esses caras rasgam o céu. Se houvesse uma categoria de surfe para aéreos poderosos, esses dois caras estariam liderando.

Página anterior: *Tubos sincronizados em D-bah. Esta foto deu ao fotógrafo Peter "Joli" Wilson o prêmio de Foto de Surfe do Ano.* Acima: *O ataque radical de backside de Occy em seu auge na era Pump.* (Fotos: Joli)

GUIA PARA AÉREOS

AIR REVERSE

Nunca pretenderia ser aclamado como o melhor aerialista do mundo, mas eu curto experimentar diferentes formas de dar um aéreo e tentar sempre melhorar neles. Este é um reverse bem normal que eu dei na viagem da Red Bull para as Mentawais. Encontrei uma daquelas pequenas seções ideais para completar um aéreo, esfarelando à minha frente. Você não quer uma seção pesada e tubular, mas algo bem tranquilo e suave para sua aterrissagem.

1 Subi na onda e acertei o lip com bastante força. Normalmente, se estivesse dando uma batida, você acertaria o lip numa posição mais vertical, mas com aéreos você geralmente se aproxima do lip mais na diagonal para poder se projetar para fora dele. Esta foto mostra o primeiro impacto com o lip após a cavada, e estou me preparando para empurrar a prancha para cima e para fora do lip.

2 Estou direcionando a prancha para fora do lip, flexionando os joelhos para ela poder subir em minha direção enquanto a mão de trás avança, pronta para segurar a borda. Meus olhos já estão buscando um lugar para a aterrissagem antes que eu faça a rotação.

3 Agarro a borda e me aproximo do centro da prancha enquanto começo a rotação para o giro, focando onde vou aterrissar.

4 Você pode ver que meus pés estão bem no centro da prancha e estou mantendo tudo alinhado enquanto faço a rotação para me preparar para uma aterrissagem suave (espero). Trouxe a prancha para bem perto do corpo ao flexionar os joelhos e estou mantendo tudo bem compactado.

5 Comecei a chutar a rabeta para fora, dando continuidade à rotação. Continuo segurando a borda e permaneço bem centrado na prancha – agora é o momento de preparar a aterrissagem.

6 Comecei a fazer contato com a água, inicialmente com o bico da prancha, que é a maneira mais eficiente de completar esses aéreos, absorvendo um pouco da velocidade e amortecendo a aterrissagem. Você deve colocar todo o seu peso na perna da frente. Se você aterrissar com

o peso na perna de trás, vai afundar a rabeta, e será difícil de se recuperar.

7 É uma sensação bem louca a de aterrissar com o bico da prancha primeiro, de costas para a praia, e você pode acabar ficando numas posições bem estranhas. Tente permanecer em cima da prancha e não aliviar muito o peso. Gosto de tentar largar a borda em algum momento da aterrissagem, mas acho que aqui ainda estou segurando nela, tentando me equilibrar. Você deve manter suas pernas o mais flexíveis possíveis nesta hora, como amortecedores, um pouco como ao dar um olie num skate. Se suas pernas estiverem travadas, você será espirrado para fora da prancha.

8-11 No restante da sequência, estou me recuperando da aterrissagem, deixando que as quilhas encaixem na água para me trazer de volta do meu giro, com o bico para a frente novamente. De novo, é importante ficar bem solto enquanto faz as transições e completa a rotação.

Há muita ênfase no surfe aéreo no circuito, com o critério de julgamento promovendo o surfe progressivo; então é importante ter um bom repertório de aéreos. Mas se você observar os caras no topo do ranking, como Kelly, Joel, Jordy e Taj, eles têm uma grande variedade de manobras. Velocidade, fluidez e força serão sempre os fundamentos do bom surfe, e isso não irá mudar. Agora, se você fizer um par de manobras espetaculares e depois mandar um belo aéreo, essa será a maneira de conseguir notas acima de nove. Acredito que os melhores surfistas serão os que conseguirem fazer essa combinação em suas performances.

Aéreos também oferecem um grande risco de lesões, como a do tornozelo de Joel na disputa do título em 2009. O segredo para evitar as lesões está no treinamento. Se você tiver qualquer ponto fraco, as manobras aéreas irão encontrá-lo. Mas às vezes você simplesmente aterrissa desajeitadamente, e aí não tem como evitar.

(Sequência: Agustin Munoz/Red Bull Photofiles)

STEPHANIE GILMORE:
Uma para as meninas

Stephanie Gilmore é pentacampeã mundial de surfe, mora em Coolangatta, bem perto da minha casa, e cresceu surfando as mesmas ondas que eu. Ela é uma referência em performance no surfe para mulheres e uma grande embaixadora do esporte. Achei que seria legal pedir a Steph que desse algumas dicas para as crescentes legiões de jovens surfistas que estão indo para a água neste momento.

PRINCIPIANTES

S.G.: Sei que pode ser intimidador para uma principiante entrar no mar e remar para fora, especialmente sendo uma menina. Eu tive sorte, pois comecei com meu pai e duas irmãs mais velhas. Mas também cresci ao lado de um monte de meninos surfistas da minha idade, e descobri que eles me recebiam muito bem na água. Acho que eu era um pouco molecona. Quando comecei, era bem raro ver outras meninas na água, exceto pelas minhas irmãs. Só quando cheguei aos meus 15 anos de idade é que comecei a perceber várias outras garotas surfando.

Se você está apenas começando, faça o esforço de buscar um pico que seja mais vazio do que os muito famosos. Existem muitas ondas boas além daquelas mais conhecidas, especialmente para principiantes. No seu primeiro ano de surfe, você vai aproveitar muito mais encontrando uma praia tranquila do que se misturando com os surfistas mais experientes. O fator perigo aumenta bastante quando muitos surfistas estão disputando as mesmas ondas.

Algo muito importante quando estiver começando, é sempre surfar com um ou dois amigos, idealmente que sejam mais experientes que você. Não somente será mais seguro, mas vocês se divertirão muito mais e incentivarão uns aos outros.

Se você não conhece nenhum surfista experiente, então vale muito a pena tomar algumas aulas em uma das várias escolas de surfe que podem ser encontradas na maioria das praias. O oceano é muito imprevisível, e você tem que aprender o máximo que puder sobre segurança no mar e educação na água antes de se aventurar nas ondas. Escolas de surfe vão ensinar sobre segurança básica no oceano, para que suas primeiras surfadas sejam seguras e divertidas.

Encontrar a prancha certa é fundamental quando você estiver começando. É possível ver muita gente no mar com pranchas que não estão de acordo com o nível de habilidade de quem as está usando. As pranchas são muito pequenas e eles não estão curtindo porque não conseguem pegar ondas. Uma prancha maior e que flutua mais facilitará a remada e será mais tranquilo pegar ondas com ela. Pranchas

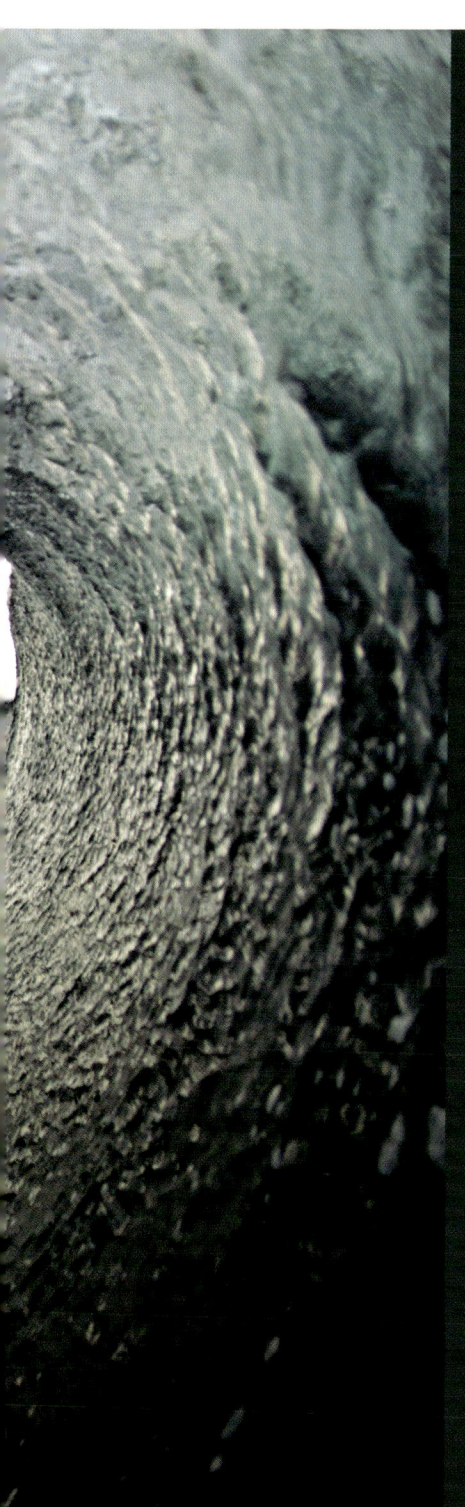

Steph bota para dentro em Off the Wall. (Foto: Jon Frank)
À direita: Steph e eu recebemos nossos troféus de campeões do mundo no banquete da ASP em 2010. (Foto: Joli)

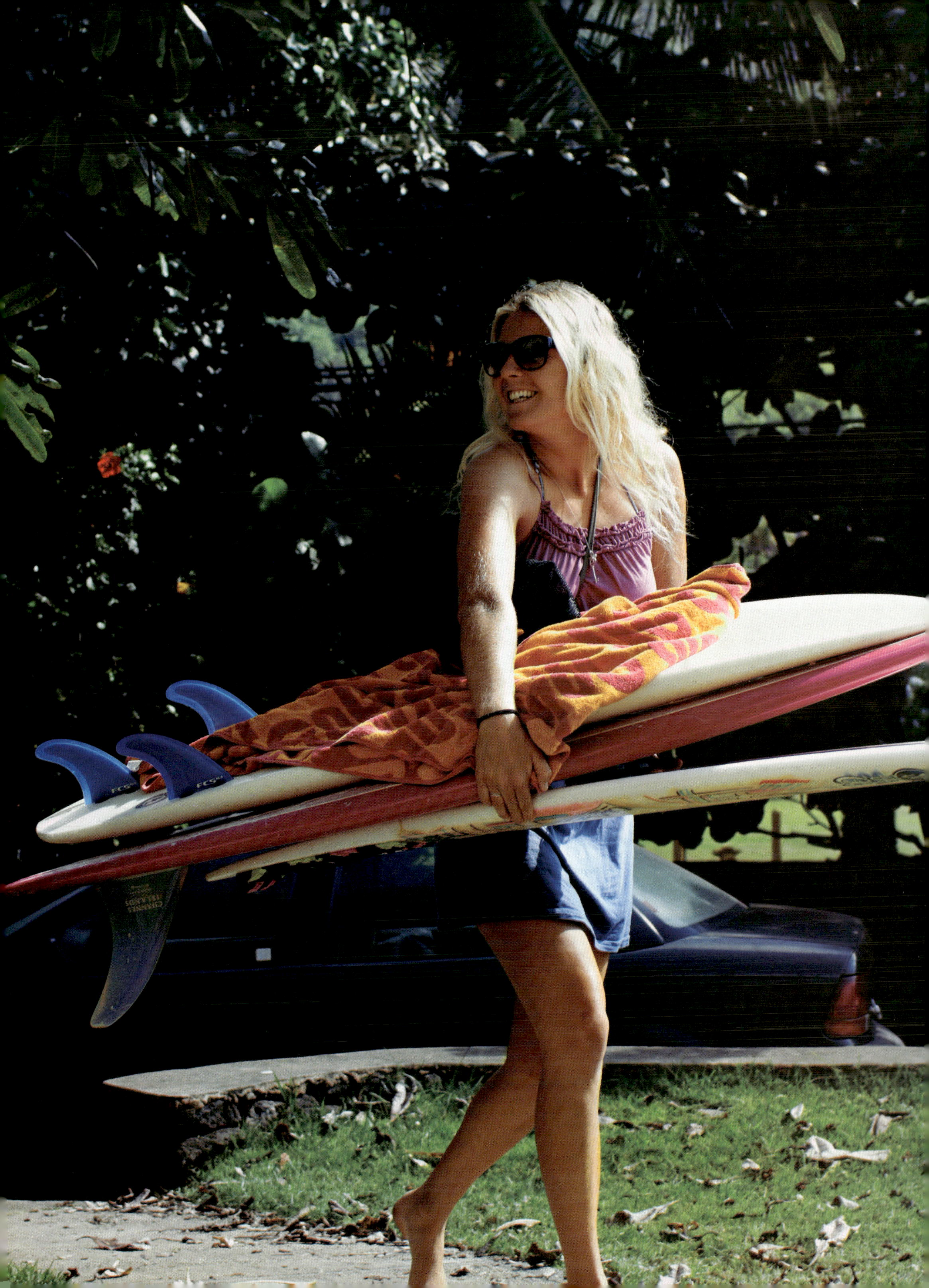
FCS
FCS

Steph tem um pouco de garota hippie no coração, vista aqui carregando algumas de suas pranchas retrô favoritas. (Foto: Jon Frank)

de espuma macia com bicos redondos são muito boas para principiantes, pois diminuem o perigo e o medo de ser atingida por sua prancha.

Também tenha certeza de que não está usando uma cordinha curta demais, ou então sua prancha pode voltar voando e acertar você. Quando cair, é importante saber como fazê-lo. Não mergulhe de cabeça, sempre tente cair para trás ou com os pés à frente, e longe da prancha.

INTERMEDIÁRIO
Quando você começar a dominar o básico, estiver ficando de pé com rapidez e surfando a face limpa da onda, vai querer aprender as principais manobras. Se você acertar os fundamentos neste ponto da sua evolução, vai fazer que todas as manobras saiam melhores, e seu progresso será mais rápido.

Lisa Andersen, tetracampeã mundial de surfe, é uma das minhas surfistas favoritas e continua sendo uma das mais estilosas do mundo. Uma das coisas que ela me disse logo no começo foi para realmente trabalhar nos fundamentos e construir uma boa base para meu surfe. Para mim, isso significa ser fluída, ter um bom estilo e uma cavada bem forte.

É importante aprender sobre bom posicionamento numa onda para que você possa conseguir mais velocidade de suas manobras. Você pode sentir quando está na posição certa na onda, pois a impressão é de que a velocidade está sendo gerada sem esforço. Colocar alguém filmando e analisando você é uma excelente maneira de aprimorar sua técnica.

Um dos melhores conselhos que já recebi veio de um dos caras mais velhos em Snapper Rocks, Jason Gale. Eu estava tentando fazer muitas manobras e caindo muito, e ele me falou para ir mais devagar e ler a onda. A leitura da onda é a ferramenta máxima, porque cada onda é diferente e você tem que aprender a reconhecer a seção certa para cada manobra. Trata-se de manter-se centrada em cima da sua prancha, sentindo-se equilibrada, para que você possa se adaptar às mudanças de forma e velocidade da onda, em vez de brigar com ela.

AVANÇADO
A melhor maneira de elevar o seu surfe ao próximo patamar é observar, aprender e surfar perto de outros surfistas muito bons. Meu pai foi minha principal influência quando eu estava crescendo. Ele é um bom surfista, com um estilo bem relaxado e bonito. Tive vários outros bons exemplos nos arredores de Coolangatta. Jay Philips sempre teve um estilo lindo. Ele era como um Tom Curren de Coolangatta. E obviamente Mick, Joel e Dean também foram grandes influências. Eu assistia a seus vídeos religiosamente.

Mas é claro que para desenvolver seu surfe você tem que pegar ondas, e a disputa pode ser grande dentro d'água. Você tem que aprender a ser paciente e a ler os movimentos das pessoas. Aprenda a prever o que eles vão fazer – se vão completar a onda ou onde você deve se posicionar para evitar situações perigosas. Você não quer ser intimidada pelos caras na água. Eles normalmente ficam contentes em ter garotas no mar. Mas eu descobri que é melhor não tentar competir com esses caras, ou eles se sentirão ameaçados.

Steph dando uma bela rasgada no Havaí. (Foto: Jon Frank)

A melhor maneira é cooperar com eles e fazer amigos – você vai descobrir que eles normalmente são encorajadores.

EQUIPAMENTO

Quando eu era mais nova, surfava com as pranchas do meu pai, que eram bem grossas e largas, provavelmente cerca de 6'2". Uma coisa que meu pai sempre fez questão de frisar: fique com uma prancha que seja um pouco mais longa. Isso realmente fez com que eu abrisse mais minhas curvas e me ajudou a aprender os fundamentos. Não se trata apenas de ser mais forte que a prancha – é preciso saber trabalhar com ela.

A melhor maneira de acertar nas suas pranchas é manter uma relação de longa duração com um shaper. Tem tudo a ver com comunicação. Eu costumava ter receio de dizer qualquer coisa sobre as pranchas, até se elas eram boas ou não. Eu apenas falava: "Legal. Obrigado". Ficava deslumbrada que alguém quisesse fazer pranchas para mim. Mas os shapers adoram um retorno com suas impressões, mesmo que sejam negativas. Às vezes o comentário negativo pode ser mais construtivo, pois impulsiona mudanças. Se você está trabalhando com um shaper constantemente, é bom experimentar pranchas diferentes de tempos em tempos. Se você gostar delas, volte e diga ao seu shaper o que apreciou nelas para que possa ser incorporado no design de sua próxima prancha. Eu tive muita sorte com Darren Handley shapeando pranchas maravilhosas ao longo dos anos, então nós realmente nos entendemos.

Minha prancha normal estes dias tem 5'11"x 18 ½" e 2 ³⁄₁₆". Eu tenho 1,77 metro de altura. As pessoas costumavam dizer que sua prancha deve ser pelo menos três polegadas mais alta que você, mas isso pode ser compensado colocando um pouco mais de largura e espessura em diferentes partes da prancha.

COMPETIÇÃO

Tive sorte de meus pais nunca terem me pressionado demais para tomar o caminho das competições. Eles não são daqueles pais obcecados com as disputas esportivas de seus filhos. Eles me deram apoio, me levaram a todos os campeonatos, ficaram

Saindo da onda em P-Pass com um típico sorriso de orelha a orelha. (Foto: Simon Williams)

de pé na praia e me filmaram. Mas nunca se estressaram nem ficaram gritando instruções. Não havia pressão, e pude me divertir.

Acredito que muitas vezes o oceano reflete a maneira como você pensa; então, se você está se divertindo, encontra um bom ritmo. As boas ondas parecem vir para você. Faltam 15 segundos, você precisa de uma nota e uma onda aparece. É até estranho quantas vezes coisas como essa acontecem. Se estiver com raiva e frustrada, você parece repelir as ondas. Isso acontece nos momentos de surfe descompromissado também, o tempo todo.

Se você decidir que quer se dedicar com seriedade a competir, um bom passo é trabalhar com um técnico em algum momento. Eu trabalhei com o Eddie Valladares quando era mais jovem e ele era muito legal. Nós simulávamos baterias ou, em algumas sessões, nos concentrávamos numa manobra específica ou na estratégia de bateria.

SURFE COMO CARREIRA

Definitivamente é possível que meninas vivam do surfe hoje em dia. Houve um grande avanço nesse sentido. Costumava ser muito difícil para as meninas chegar aos eventos e cobrir seus custos. A premiação em dinheiro tem melhorado e as empresas estão começando a entender quanto o surfe feminino pode servir como instrumento de marketing. Ainda há no Tour meninas sem patrocinadores e que passam dificuldades, mas acredito que daqui a não muito tempo todas vão poder ter uma vida boa provida pelo surfe.

Sempre gostei de viajar, tem tudo a ver com aventura. Você vai a novos picos, com novas ondas e conhece novas pessoas. Nunca fui daquelas de sentir saudades de casa porque estava sempre muito empolgada com o que eu estava vivenciando.

Mas o principal é entrar no mar e curtir o oceano. Acho que você vai descobrir que as meninas são bem-vindas em quase todos os picos – nós trazemos uma vibração mais divertida para a água, e dessa maneira todo mundo ganha!

SEGURANÇA NO SURFE

Ainda bem que acidentes no surfe são raros, especialmente considerando o número de pessoas na água hoje em dia. Mesmo assim, segurança nunca é demais, levando em conta a sempre mutável e imprevisível natureza do oceano. Por isso, existem algumas coisas que você pode fazer para deixar o surfe mais seguro. É difícil ditar regras que sirvam para tudo e para todos, e fazer generalizações para um ambiente tão dinâmico quanto o oceano. Cada pico é único, mas estes tópicos devem ajudar você a encontrar a direção correta.

1 Seja um bom nadador. Pode parecer óbvio, mas é impressionante quanto os surfistas passaram a depender de suas cordinhas. Seja qual for o seu nível de habilidade, nunca reme num lugar em que você não nadaria, porque se sua cordinha ou prancha quebrarem, você vai ter que nadar de volta à terra firme. Nadar nas ondas é provavelmente o melhor exercício para o surfe, depois do próprio surfe.

2 Sempre tente surfar com alguém, especialmente quando está apenas começando. Se alguma coisa der errado, você deve ter alguém por perto para ajudar a dar o alarme. Ter um grupo de amigos que surfam juntos regularmente torna tudo mais divertido.

3 Sempre observe e analise as condições antes de entrar no mar. Gaste um tempo para sentar e prestar atenção nas ondas; tente e aprenda a reconhecer as diferentes correntes em ação. Olhe por onde os surfistas estão entrando no mar e surfando, para que você possa evitar colisões quando remar para fora. Encontre o trajeto mais seguro. Você terá que observar as ondas por pelo menos 10 a 15 minutos para ver se não entram séries maiores, e esse é um bom período para se preparar, passar parafina na prancha e fazer um aquecimento.

4 Não surfe em picos nos quais as condições estão acima da sua possibilidade. Na moto aquática, existe o conceito de descidas avançadas (black diamond), intermediárias (blue) e iniciantes (green). Seria bom se no surfe houvesse um sistema similar, mas infelizmente pessoas de todos os níveis são comumente atraídas pelas mesmas ondas famosas. Quando você está apenas começando ou tem habilidade intermediária, terá muito mais diversão, e ficará muito mais seguro, num pico com bem menos gente e condições menos difíceis.

5 Aprenda as regras básicas de etiqueta no surfe e se comporte de acordo com elas. Não entre na onda de ninguém. O surfista mais próximo do pico remando na onda tem a preferência. Não reme por dentro para roubar a onda de outros que estão esperando há mais tempo. Volte por fora de onde as ondas estão quebrando, para não atrapalhar ninguém. Se ficar na trajetória de alguém vindo numa onda, reme para a espuma ou dê um joelhinho, submergindo a prancha em vez de cruzar à frente do outro. Lembre-se, o surfista na onda sempre tem a preferência. Mesmo que você veja surfistas mais velhos e experientes quebrando as regras, isso não significa que deva fazer o mesmo.

6 Tente manter sua prancha sempre sob controle. Segure firme na prancha quando der joelhinho no caso de haver alguém atrás de você. Não ejete a prancha com força para o ar quando terminar sua onda: ela pode acertar outro surfista ou voltar com tudo para cima de você. Não tente manobras malucas perto de outros surfistas se não tem completa confiança de que vai finalizá-las. Uma prancha voadora é um míssil perigoso e pode causar lesões graves.

7 Ao aprender a surfar, procure usar uma prancha de espuma macia para principiantes, como as encontradas em escolas de surfe. Isso vai eliminar muito do medo e do perigo de ser acertado por sua prancha, além de tornar o aprendizado mais fácil e divertido. Se não conseguir uma prancha macia, use uma com o bico arredondado e bordas grossas, para minimizar o perigo. Se sua prancha tem um bico pontudo, utilize a proteção de borracha

nele. Se as quilhas estiverem muito afiadas, você pode lixar as pontas.

8 Se não conhece um surfista mais experiente disposto a levar você para surfar de vez em quando, considere fazer algumas aulas. Isso vai minimizar muito o perigo e a frustração da experiência. Você vai adquirir conhecimento básico do oceano e etiqueta no surfe e progredirá mais rápido.

9 Quando cair, fique atento para a possibilidade de a prancha acertar você na volta da esticada da cordinha. Não levante da água muito rápido e esteja pronto para proteger sua cabeça com as mãos. Com a experiência, você vai aprender a avaliar a tensão da cordinha quando estiver submerso. Aprenda a sentir-se confortável embaixo d'água – relaxe, conserve sua energia e oxigênio em vez de lutar contra a turbulência. A onda vai soltar você quando for a hora certa.

10 Se for pego pela correnteza, nunca nade ou reme contra ela. Sempre nade ou reme cortando a correnteza, paralelo à praia. Se perder sua prancha, resista ao impulso de se afastar das ondas, pois terá mais chance de ser pego pela correnteza. Nade em direção ao pico e você será empurrado para a praia pela espuma. Você pode aprender a reconhecer correntes pelos sinais de água vazando para fora com muita velocidade, e pelo fato de que as ondas geralmente não quebram onde elas estão. Da mesma maneira, você pode reconhecer uma bancada de areia sobre a qual as ondas estão quebrando pelo desenho formado pela espuma no seu contorno.

É sempre bom surfar com surfistas mais experientes. Aqui levo a garotada para uma remada em um dos eventos Surfe com os Pros. (Foto: Joli)

11 Esteja ciente do que as marés estão fazendo. Um pico pode mudar de forma dramática de acordo com as flutuações da maré. Um fundo de areia tranquilo na maré alta pode se transformar numa onda explosiva na maré baixa. Observe como as condições mudam e adapte-se a elas.

12 Não tenha medo de pedir conselhos aos salva-vidas profissionais que patrulham as praias, para saber mais sobre as condições do oceano, verificar o melhor lugar para entrar no mar e descobrir se as ondas estão de acordo com seu nível de habilidade. Muitos salva--vidas são surfistas. São eles que terão que resgatar você quando estiver em apuros; então estão dispostos a ajudar.

13 Preste atenção no dia do evento Surfe com os Pros no decorrer dos campeonatos da ASP. Nós geralmente separamos um dia para a molecada local surfar com os profissionais, na maioria das paradas do Tour. Todos os surfistas profissionais gostam de passar dicas e conselhos para a molecada, então não se intimide em participar.

14 Se você está planejando passar bastante tempo nas ondas ou perto delas, e especialmente se viaja e surfa em locais remotos, considere fazer um curso de ressuscitação cardiopulmonar, e talvez até aprender algumas técnicas de resgate.

(Os conselhos apresentado aqui são gerais. Os surfistas devem buscar orientação apropriada de acordo com suas habilidades e condições locais, em qualquer lugar em que decidam surfar.)

A de aéreo. (Foto: Dan Warbrick/Rip Curl)

GLOSSÁRIO

Aéreo: Manobra realizada sobre a onda, na qual surfista e prancha ficam suspensos no ar.

ASP: Association of Surfing Professionals, a associação que gerencia o surfe profissional.

Backside: Quando o surfista está de costas para a onda.

Bombas: Ondas grandes.

Borda: Área de contorno ao redor da prancha.

Canal: Área do pico onde as ondas não quebram e onde é seguro remar para dentro do mar.

Cavada: A curva feita na base da onda projetando o surfista para o alto na face da onda.

Combinação: Quando o surfista competidor precisa da combinação de duas notas para passar à liderança da bateria.

Convidado: Surfista que não está rankeado, mas recebe um convite de "wildcard" para participar de um evento, concedido pelos patrocinadores ou organizadores.

Cordinha: Corda de poliuretano utilizada para manter a prancha conectada ao surfista.

Cutback: Curva em forma de U feita do rabo da onda em direção ao pico.

Encavalada: Quando uma onda maior alcança uma menor à sua frente, formando outra mais volumosa e perigosa.

Fechadeira: Onda que quebra de uma vez só, imprópria para ser surfada.

Frontside: Quando o surfista está de frente para a onda.

Layback: Manobra em que o surfista deita para trás na face da onda, como o layback snap.

Lip: A parte superior da onda quando ela começa a quebrar.

Longboard: Prancha com mais de nove pés de comprimento e formato antigo.

Maral: Vento que sopra do mar para a terra, prejudicando a formação das ondas.

Pé trocado: Quando o surfista coloca à frente o pé que normalmente fica atrás enquanto surfa.

Pico: A primeira parte da onda a começar a quebrar; também o lugar do litoral onde uma onda quebra.

Pranchinha: Prancha pequena, geralmente com cerca de seis pés de tamanho e com formato moderno.

Rabeta: A parte traseira da prancha.

Rabo: A região mais plana e distante da parte da onda que está quebrando.

Série: Ondas em sucessão.

Sessão: O tempo de duração de uma surfada em particular.

Shaper: Alguém que dá forma às pranchas.

Snap: Curva abrupta, geralmente próxima do topo da onda.

Terral: Vento que sopra da terra para o mar, muito apreciado pelos surfistas, pois deixa as ondas com forma ideal para o surfe.

Triple Crown: A Tríplice Coroa é o circuito formado pelos três campeonatos havaianos que finalizam o ano, em Haleiwa, Sunset e Pipeline. Depois do mundial profissional, é o título mais valorizado do surfe.

Vaca: Grande queda do surfista na onda.

WCT: World Championship Tour, divisão de elite do surfe profissional mundial.

WQS: World Qualifying Series, divisão de acesso à elite do surfe profissional.

Alguns momentos especiais da minha vida de surfista. No sentido horário a partir do alto à esquerda: Preparando-me para minha bateria no Taiti; os Cooly Kids nas Mentawais; Deano num tubo limpo em Kirra; minha mãe e eu com uns óculos de sol interessantes; meu cachorro Taylor e eu; minha moto aquática. (Todas as fotos são de Simon Williams, exceto a do Taiti, tirada por Dan Wabrick/Rip Curl)
Página seguinte, no sentido horário a partir do alto à esquerda: os Cooly Kids virando homens ao seguir para o Tour Mundial; Joel e Dean me carregando praia acima em Pipe; uma viagem masculina nas Mentawais, 2007; sequência de Joel botando para dentro em Nias; e para que servem os amigos? Joel garantindo que minha foto não saísse boa nas Mentawais. (Todas as fotos são de Simon Williams, exceto a de Pipe, tirada por Joli.)

AGRADECIMENTOS

Muito obrigado à Rip Curl, a Claw Warbrick e a Gary Dunne por acreditar e me guiar através da minha carreira no surfe. À Reef, à Red Bull, à Dragon e à Creatures, pelo relacionamento duradouro e honesto. Mesmo se tratando de negócios, nessas empresas fiz amigos para a vida toda. Ao HOMEM de negócios (he, he, he) Darren Handley: você esteve lá e me apoiou desde que começamos. A Wade e a Erin Tokoro: muito obrigado pelo apoio e pela amizade incrível. Para todas as pessoas que já me fizeram uma prancha um dia: obrigado pela confiança de que eu seria capaz de dar um feedback honesto.

Obrigado a todos os surfistas do circuito que me ajudaram e me inspiraram com seus talentos e amizade – Occy, Danny Wills, Andy Irons e Kelly Slater especialmente. A todos os meus compatriotas e suas famílias – MacDonald, Whitaker, Emerton, Lowe, Campbell, Munro, Durbidge, Paterson e todos os outros: obrigado por serem esses australianos "pés no chão" que vocês são. Obrigado a toda a minha família do surfe internacional, especialmente ao Taylor Knox e a toda a família Knox, a Bobby Martinez e a todas as famílias pelo mundo com quem morei – à família Riou, à família de Jose Marie, à família Namotou e a todos os meus amigos havaianos que são como família para mim.

Dean Morrison e Joel Parkinson foram uma grande inspiração para mim e ainda o são. Sem esses dois caras eu não estaria onde estou hoje. Aos Campis: vocês foram uma parte muito importante da minha vida. A todos os meus amigos de casa que me mantiveram sempre ligado às minhas raízes. Ao Kirra Surfriders Club: obrigado por me guiar e apoiar ao longo desses anos.

A todos os meus amigos que já se foram: sinto muito a falta de vocês – Joel Green, Abe Green, Nicholas Holt, Andrew Murphy, Mark Pripic, Malik Joyeux, Peter Whittaker, Denis Callinan, Vaughan Thompson e todos os outros. A memória de vocês durará para sempre.

Para minha mãe: você é uma pessoa incrível, com um coração imenso. Você ensinou a mim e a todos os meus amigos muita coisa sobre a vida. Pai, obrigado por ser forte e honesto e por ter me ensinado a ser um homem.

A Raquel e Stuart, Peter e Kai, e suas lindas famílias: vocês também me ensinaram muitas lições sobre a vida – mesmo que não saibam disso. Edward, obrigado por ter me levado à praia quando eu era criança e por ter me ensinado tudo sobre o surfe.

Sean, quando criança você me ensinou muito e você esteve sempre lá quando eu precisei. Sempre sentirei falta da sua companhia e a sua memória estará comigo todos os dias.

Para minha esposa Karissa: vou guardar seu amor e compaixão para sempre. Crescer junto com você tem sido uma jornada incrível, e só está começando.

Por último, obrigado a todos aqueles que me fizeram dar risada ou tornaram prazerosa minha passagem nesta terra. Nunca perca seus sonhos de vista. Siga seu coração.

Obrigado,
Mick Fanning

Desenhando as últimas linhas do dia numa rasgada de final de tarde nas Mentawais. (Foto: Simon Williams)

Copyright © Tim Baker e Mick Fanning 2010
A Random House book
Published by Random House Australia Pty Ltd
Level 3, 100 Pacific Highway, North Sydney NSW 2060
www.randomhouse.com.au

1ª Edição Editora Gaia, São Paulo 2014

Diretor Editorial – Jefferson L. Alves
Diretor de Marketing – Richard A. Alves
Gerente de Produção – Flávio Samuel
Revisão – Deborah Stafussi
Tradução – Adrian Kojin
Preparação de texto – Luciana Chagas
Editoração Eletrônica – Tathiana A. Inocêncio

CIP-Brasil. Catalogação na Publicação
Sindicato Nacional dos Editores de Livros, RJ

F215s
   Fanning, Mick
   Surfe por sua vida / Mick Fanning, Tim Baker; tradução Adrian Kojin/Camila Reimann. - 1. ed. - São Paulo: Gaia, 2014.

   Tradução de: Surf for your life
   ISBN 978-85-7555-439-5

   1. Surfe. I. Baker, Tim. II. Título.

14-14135   CDD: 797.172
                             CDU: 797.178

Direitos Reservados

EDITORA GAIA LTDA.
(pertence ao grupo Global Editora e Distribuidora Ltda.)

Rua Pirapitingui, 111-A – Liberdade
CEP 01508-020 – São Paulo – SP
Tel.: (11) 3277-7999 – Fax: (11) 3277-8141
e-mail: gaia@editoragaia.com.br
www.editoragaia.com.br

Obra atualizada conforme o
Novo Acordo Ortográfico da Língua Portuguesa

Colabore com a produção científica e cultural. Proibida a reprodução total ou parcial desta obra sem a autorização do editor.

Nº de catálogo: **3303**